Alimentos deshidratados

Una guía completa para aprender los métodos de secado de diferentes tipos de alimentos y sus numerosos beneficios para la salud.

Por

Zoe J. Perez

La información aquí ofrecida con fines informativos únicamente, y es universal como tal. La presentación de la información es sin contrato ni ningún tipo de garantía.

Las marcas comerciales que se utilizan no tienen ningún consentimiento, y la publicación de la marca comercial no tiene permiso ni respaldo del propietario de la marca comercial.

Todas las marcas comerciales y marcas de este libro son solo para fines de aclaración y son propiedad de los propios propietarios, no están afiliados a este documento.

Tabla de contenidos

Introducción

Tener un suministro de almacenamiento de alimentos a largo plazo puede ser una tarea desalentadora y costosa, pero no tiene por qué serlo. Como muchas familias fuera de la red ya saben, los alimentos enlatados y la carne cultivada y criada en la granja es una forma increíblemente asequible de conservar los alimentos para una vida útil más larga. Los alimentos deshidratados y congelados también tienen ventajas, incluida una vida útil que en teoría es mucho más larga que la comida enlatada en el hogar.

El secado alimentario es un proceso de almacenamiento de alimentos en el que los alimentos se secan (deshidratan o desecan). El secado inhibe el crecimiento de bacterias, levaduras y moho mediante la eliminación del agua. Desde la antigüedad, la deshidratación ha sido ampliamente utilizada para este propósito; La primera práctica conocida fue hace 12.000 años a.C. El Medio Oriente tardío y los habitantes asiáticos. Tradicionalmente, el agua se extrae por evaporación (secado al aire, secado al sol, fumar o secado al viento). Al mismo tiempo, los deshidratadores electrónicos de alimentos o la liofilización se pueden usar hoy para acelerar el proceso de secado y garantizar resultados confiables.

La deshidratación puede preparar muchos alimentos diferentes. La carne desempeñó un importante papel histórico.

La mayor parte de la dieta europea se ha basado en el bacalao seco durante siglos, conocido como bacalao salado, bacalhau (con aceite) o caldo de pescado (sin). Estableció la fuente clave de proteínas en las plantaciones de las Indias Occidentales para los esclavos y fue una importante fuerza económica en el comercio triangular. El bacalao o abadejo de pescado seco más utilizado, conocido como "Harðfiskur", es un manjar en Islandia, aunque la carne de reno seca es una gran comida sami. El jamón serrano (jamón de Parma), bresaola, biltong y carne seca son carnes secas.

Históricamente, las frutas secas se comían debido a su alto contenido de azúcar y sabor dulce, y a una mayor vida útil del secado. Cuando se seca, las frutas se pueden usar de manera diferente.

La ciruela se convierte en una ciruela; la pasa se convierte en una vid. Los higos y las fechas se pueden convertir en diferentes artículos que se pueden consumir tal como están, usarse en recetas o rehidratarse.

Las verduras liofilizadas se usan comúnmente en mochileros, cazadores y comida militar. El ajo y la cebolla a menudo se secan. Incluso los hongos comestibles, así como otros hongos, a veces se secan para su almacenamiento o uso como condimentos.

La deshidratación de sus propios alimentos, carnes y aves no solo proporciona ahorros de costos sino que también le brinda tranquilidad porque sabe exactamente lo que va a alimentar a su familia. En línea, hay una multitud de recetas gratuitas que incluyen productos alimenticios deshidratados y productos para hornear de larga duración que se pueden poner en un frasco Mason para bocadillos o comidas rápidas y simples en el futuro durante muchos años.

Capítulo 1: Comprensión de la deshidratación de alimentos

La deshidratación de alimentos es una de las operaciones unitarias más antiguas de la industria de procesamiento de alimentos. La deshidratación de alimentos es un método para reducir la humedad de los alimentos a niveles bajos al agregar una o más fuentes de energía a los alimentos para aumentar la vida útil. Sin embargo, esto no incluye la eliminación de la humedad de los alimentos por presión mecánica o concentración de alimentos líquidos. Con mayor frecuencia, el aire caliente agrega calor a los alimentos, lo que también elimina la humedad de los alimentos. El ciclo de deshidratación de los alimentos implica la transferencia simultánea de masa y calor dentro de los alimentos, así como el medio utilizado para transmitir energía a los alimentos. Los métodos de deshidratación de alimentos que proporcionan energía a los alimentos utilizando medios distintos al aire caliente pueden requerir aire u otro gas para alejar la humedad de los alimentos.

1.1 Principio de funcionamiento de la deshidratación de alimentos

Un estudio de los conceptos fundamentales involucrados en la deshidratación de alimentos. El énfasis principal se pone en los tipos de agua retenida en los alimentos, la vaporización del agua en los productos alimenticios, el equilibrio de humedad y la relación de la actividad del agua y el mecanismo de la tasa de deshidratación. La deshidratación alimentaria generalmente se refiere a la extracción de humedad de un componente alimenticio. Hay varios umbrales para la deshidratación de alimentos. La más importante es la conservación de los alimentos a través de la deshidratación. Al reducir el contenido de humedad del producto, el proceso de deshidratación permite limitar el crecimiento microbiano u otras reacciones.

Este método, además de preservarlo desde un punto de vista microbiológico, también permite preservar su sabor y características nutricionales.

Otro objetivo obvio de la deshidratación es una reducción significativa en el volumen del producto, lo que promueve la eficiencia en el transporte y almacenamiento del producto alimenticio. La deshidratación de los alimentos se logra mediante un ciclo térmico, que utiliza calor para eliminar la humedad del producto alimenticio. Las características delicadas de los alimentos requieren una operación hábil y un diseño de sistema de deshidratación para mantener la calidad óptima del producto. Por lo tanto, se necesita una comprensión profunda de los principios de deshidratación. En la industria alimentaria, se utilizan varias formas diferentes de deshidratadores. Para cumplir con las características de deshidratación bastante especiales de productos alimenticios específicos, estos fueron desarrollados.

Humedad en los alimentos

El agua puede mantenerse de dos maneras distintas en un solo producto alimenticio. Parte del agua puede ser retenida por la fuerza puramente física relacionada con la tensión superficial en los espacios intersticiales y dentro de los poros materiales. Esta forma de agua se llama "agua no unida". A la misma temperatura, ejerce la misma presión de vapor y tiene el mismo calor de vaporización latente que el agua pura. El volumen de agua no unida en un producto alimenticio está más estrechamente relacionado con las estructuras físicas del producto que con las estructuras químicas del producto. Otra porción de agua puede ser retenida en las superficies internas y externas del material sólido por interacciones entre las moléculas de agua y las del material sólido para formar una monocapa de moléculas de agua. Cualquier agua puede mantenerse para crear una capa múltiple de moléculas de agua a través de interacciones entre las moléculas de agua. Este tipo de agua se llama "agua ligada", que, a la misma temperatura, ejerce una presión de vapor menor que la del agua pura.

Además, a la misma temperatura, el calor de vaporización del agua ligada es mayor que el del agua pura. El volumen de agua ligada que se retiene en un producto alimenticio está estrechamente relacionado con las estructuras químicas del producto.

Las fuerzas de las fuerzas intermoleculares conocidas como "van der Waals" son responsables de retener el agua en el adsorbente en los sitios de sorción. Las moléculas polares, como H_2O, NH_3 y alcohol, o las moléculas con los siguientes grupos polares -NH_2, -NH •, -OH, -COOH, -$CONH_2$, etc., generalmente se conocen como sitios deportivos adsorbentes. La humedad libre se refiere a la humedad contenida en un producto que excede el contenido de equilibrio de humedad de un producto. Durante un proceso de deshidratación dado, solo se puede eliminar la humedad libre en un producto.

La humedad libre de un producto depende de la forma del producto y la concentración de temperatura y vapor de agua en el aire. Durante un ciclo de deshidratación, el agua ligada en un producto alimenticio se elimina con cierto grado de dificultad. Un gráfico de calor de desorción en relación con el contenido de humedad de un producto definirá los rangos estimados de agua unida y no unida en un producto en función del valor de calor de desorción. El calor de desorción también indica la energía de unión o las fuerzas intermoleculares entre las moléculas de agua y la superficie adsorbente, y entre las moléculas de agua adsorbidas y las moléculas de vapor de agua. La energía necesaria para evaporar el agua no unida en el almidón de maíz es casi la misma que el calor de la vaporización de agua pura. Sin embargo, la energía requerida para evaporar el agua ligada es mucho mayor que el calor de vaporización del agua pura, particularmente en el rango más bajo de humedad. Las condiciones que eliminan toda el agua unida a veces pueden causar cierta descomposición química y la consiguiente pérdida de peso de la materia seca.

1.2. ¿Cómo la deshidratación evita que los alimentos se echen a perder?

El secado efectivamente deshidrata o elimina la humedad de los alimentos, y esta acción simple previene el crecimiento de bacterias, moho y levaduras. También ralentiza la actividad de las enzimas sin desactivarlas. Estos factores aseguran que los alimentos no se echen a perder fácilmente y, por lo tanto, hacen que el secado sea una técnica importante para conservar los alimentos.

El secado elimina el agua de la comida; Reduce el peso del alimento. Esto no solo lo hace ligero, sino que también reduce su tamaño. Todo lo que uno tiene que hacer para usar la comida es agregarle agua.

Para secar y conservar alimentos, la mejor temperatura es de 140°F. Para carnes y aves de corral; sin embargo, la línea directa de carne y aves del USDA calienta la carne a 160°F y las aves a 165°F antes de que comience el secado. La temperatura del deshidratador debe ser constante de 130 a 140°F hasta que termine el calentamiento. Usar temperaturas por encima de eso dará como resultado que los alimentos se cocinen en lugar de secarse. La comida se cocina afuera y la humedad queda atrapada adentro. El secado es un proceso lento, y al aumentar la temperatura, uno no debería intentar acelerarlo.

Otro factor que ayuda con el secado de los alimentos es la humedad. Dado que el secado requiere eliminar la humedad de los productos alimenticios y expulsarla al aire circundante, la baja humedad puede ayudar con el secado. Si la humedad es alta, el proceso de secado será más lento simplemente porque el aire ambiental también está lleno de humedad. Se puede acelerar el ciclo de secado aumentando las corrientes o el flujo de aire.

Hay muchas maneras en que los alimentos se pueden secar: al sol, en un horno o en un deshidratador comercial. Sin embargo, es importante tener la temperatura, el flujo de aire y el nivel de humedad correctos en cualquier caso.

1.3. Beneficios de la deshidratación de alimentos

1) Ahorra tu dinero

¿Todos usaríamos más formas de ahorrar nuestro dinero, verdad? Bueno, imagine comprar productos a granel a un precio reducido (en su huerto local o tienda de abarrotes) deshidrátalo en tu hogar y tenlo listo para comer durante todo el año en cualquier momento.

Piensa: Menos viajes adicionales a la tienda de comestibles, menos uso de gasolina y alimentos "gourmet" como. Tomates secos o chips de col rizada sin aceites, conservantes, sales o azúcares añadidos por una fracción del precio empaquetado

¡Nada de esto es posible con la deshidratación! La rentabilidad de la deshidratación de alimentos es sorprendente.

2) Conveniencia

Una queja común sobre la alimentación saludable es que es difícil de hacer mientras viaja. La razón es válida, pero aquí es donde los beneficios de un deshidratador de alimentos pueden evitar que recurra al autoservicio.

La deshidratación le brinda refrigerios seguros y no desordenados listos para llevar, lo que los hace increíblemente fáciles de llevar a todas partes en el automóvil, en el avión, al empacar, o en un viaje de campamento, etc. ¿Quién necesitaría comida rápida cuando puede tener frutas secas nutritivas, verduras, granos y todo tipo de buena comida contigo en cualquier momento?

3) Reduce el desperdicio

¿Cuántas veces has comprado muchos productos en el supermercado para recordar que no puedes comerlo todo hasta que salga mal o sea demasiado maduro?

Pero como la deshidratación extiende la vida útil tan bien, puede evitar tirar alimentos adicionales y eliminar el desperdicio innecesario en todo momento. Vas a sacar el máximo provecho de la comida que compras.

4) Los alimentos deshidratados saben muy bien

El uso del deshidratador de alimentos para eliminar la humedad de los alimentos como frutas, verduras y carnes crea alimentos naturalmente concentrados, vibrantes y deliciosos.

No solo eso, sino que conoce la calidad y la frescura de los alimentos que usa cuando prepara los alimentos usted mismo, a diferencia de comer alimentos deshidratados comprados en el supermercado.

5) Simple y fácil de usar

¡Tan fácil y sencillo de usar, los deshidratadores de alimentos son esencialmente infalibles! Prepare fácilmente su comida cortándola en trozos, colóquela en las bandejas, configure un temporizador y aléjese, con el método sencillo de configurar y olvidar. ¡Eso es muy simple!

Además, le complacerá saber que las temperaturas se establecen tan bajas que es casi imposible secar la comida, y si lo hace, aún puede 'rehidratarlas' con un poco de agua o agregarlas a sopas, guisos, guisos o salsas para pasta.

6) Comida cruda

Los alimentos producidos con un deshidratador a veces se conocen como 'alimentos crudos' debido a estas bajas temperaturas. Una dieta de alimentos crudos tiene muchas ventajas y se dice que conserva los nutrientes y las enzimas vivas en las frutas y verduras en lugar del proceso de calentamiento que se supone que los elimina o los agota de los alimentos.

Posteriormente, ya sea que esté en una dieta de alimentos crudos o simplemente tratando de consumir más alimentos crudos, un deshidratado es una opción más segura para cocinar alimentos a una temperatura inferior a 46°C de temperatura óptima donde se supone que las enzimas y los nutrientes se conservan, que cualquier otro Electrodomésticos de cocina en el mercado.

7) Versátil y flexible

Si desea hacer cueros de frutas, activar algunas nueces o hacer un lote de chips de vegetales, la deshidratación de alimentos le brinda flexibilidad para hacerlo todo, ¡además tiene la opción de hacer funcionar la máquina durante horas o días!

Aunque su imaginación lo limita, a continuación se detallan algunas de las cosas que puede hacer con un deshidratador de alimentos.

Rollitos de fruta deshidratados: ¡este es un ganador para niños! Simplemente deshidrate la fruta (e incluso un poco de yogurt) y enrolle. Es la merienda perfecta en la lonchera.

Frutas secas como arándanos, uvas, fresas, mangos, plátanos, piñas y kiwis.

Chips de vegetales balanceados: haga crujientes remolachas, zanahorias, chirivías y batatas sin aceite. Experimento desigual con diferentes variedades: carne de res, cordero, pescado y aves de corral sin conservantes, nuevos adobos y especias. Haga alternativas de pan nutritivo como pan de linaza, botellas de pizza.

8) Te prepara para emergencias.

¿Recuerdas el dicho "no puedes estar preparado demasiado"? Desde la pérdida de un empleo hasta un desastre natural, nunca sabrá con certeza qué sucederá.

Sin embargo, usted tiene cierta influencia sobre su nivel de preparación para emergencias. Y la comida deshidratada es el recurso perfecto para esto, ya que siempre tendrá acceso a un suministro de alimentos menos perecederos, saludables y bien conservados.

Además de secar alimentos individuales, incluso puede deshidratar comidas enteras para su familia, de modo que cuando esté listo para comer en una emergencia, todo lo que tenga que hacer sea agregar agua.

Estos beneficios de los alimentos deshidratados ilustran cómo el proceso lo ayuda a comer mejor, vivir mejor y aumentar sus niveles de planificación y almacenamiento de alimentos de una manera completamente nueva. ¡Realmente el valor cambia la vida!

1.4. Beneficios para la salud de la deshidratación de alimentos

1) Finalmente tendrás control total sobre la comida que comes

Si le preocupan los alimentos genéticamente modificados o si no está seguro de cómo se preparan los alimentos en restaurantes o cadenas de comida rápida, secar los alimentos sería una excelente opción para usted, especialmente si puede cultivar sus productos. Al secar los alimentos inmediatamente después de la cosecha, se recomienda encarecidamente conservar los nutrientes.

Aunque los alimentos deshidratados se pueden comprar en las tiendas, desafortunadamente algunos tienen azúcares y aditivos. Y podrá consumir alimentos nutritivos a través de la oxidación de los alimentos por su cuenta.

Puede agregar fruta deshidratada a las mezclas de trail o usarla como sustituto de papas fritas y papas fritas. También puede optar por moler alimentos deshidratados como el ajo y la cebolla. También puede triturar sus vegetales deshidratados en forma de polvo, almacenarlos y luego cocinarlos como una sopa.

2) Consumes menos y aún estás energizado

Si deshidratas frutas, por ejemplo, concentras azúcares de frutas, puedes seguir consumiendo menos y aun así tener energía. Significa que puede consumir solo unas pocas frutas secas y aún tener la misma fuerza que si las consumiera frescas. Es por eso que la comida seca es popular entre los campistas y mochileros por igual. Son ligeros pero llenos de nutrientes.

Sin embargo, al comer alimentos secos, asegúrese de comer con atención, ya que es fácil consumir más de lo que necesita en menos tiempo. Y si hay mucho tiempo sentado en su trabajo o actividad diaria, comer frutas secas lo hará subir de peso muy rápido.

3) Tendrás una gran cantidad de antioxidantes y fibra

Los alimentos secos, especialmente las frutas, tienen una mayor concentración de fibra y antioxidantes que las frutas frescas. También son mejores para ti porque todos son saludables. Los nutrientes como la vitamina C, el betacaroteno y el magnesio también se mantienen intactos.

4) Crear alimentos seguros y 100% naturales

La deshidratación de los alimentos requiere solo un ingrediente, el alimento que se seca, porque no solo es 100% natural, sino que se obtiene de todos los minerales y fibras de toda la fruta, por lo que, a diferencia de la cocción tan al vapor, no pierde nada de Valor nutricional de los alimentos que deshidratas.

La deshidratación alterará la forma en que ves los alimentos. Puede transformar frutas y verduras simples en bocadillos y golosinas sabrosas y saludables. ¡Las alternativas más saludables a la comida chatarra se pueden hacer en un deshidratador y literalmente infinitas posibilidades! Probablemente te sorprenderá la cantidad de cosas que consumes que están realmente secas, y puedes prepararte sultanas, hierbas secas, dátiles, etc.

Cuando pensamos en frutas secas, preferimos equipararlas con un "refrigerio ligero", por lo que muchas veces, las personas comen muchas frutas secas, pensando que es una buena alternativa a los dulces, pero cuando se trata de productos secos comprados en la tienda fruta este no es el caso. Muchas frutas secas compradas en la tienda contienen azúcares añadidos, dióxido de azufre y grasas trans, ¡todo lo cual puede ser perjudicial para usted y su salud!

Para evitar la decoloración, a veces se aplica dióxido de azufre a los frutos secos comprados en la tienda. El dióxido de azufre puede causar asma, erupciones en la piel y dolores en el estómago. En los albaricoques secos, el dióxido de azufre está inusualmente presente, lo que les da un color naranja brillante.

No hay aditivos ni conservantes en la fabricación de sus propias frutas secas: ¡usted tiene el control de lo que contiene su comida! Si estás cansado de no ser capaz de dar bocadillos saludables a tus hijos y a tu familia, entonces tu respuesta es un deshidratador de alimentos.

5) Conservación segura: muy bajo riesgo de bacterias y deterioro

A diferencia de otros métodos de conservación, dado que los deshidratadores de alimentos eliminan el contenido de agua de los alimentos durante el proceso de secado, el riesgo de crecimiento o deterioro de las bacterias es poco profundo. De hecho, ¡los campistas, los excursionistas e incluso los astronautas usan comúnmente la deshidratación debido a la naturaleza segura del método de preservación!

6) Perfecto para dietas de origen vegetal

Evidentemente, estos son elementos básicos de una dieta centrada en las plantas. Hay millones de recetas a base de plantas que puede hacer, como galletas saladas, bocadillos de fruta, pan crudo y cecina vegana, por nombrar algunas, con un deshidratador de alimentos. Y está obligado a preparar una cantidad interminable de opciones de alimentos a base de plantas increíblemente deliciosas y saludables con un libro de cocina deshidratador u otras guías de recetas veganas en la mano.

7) Hacer una variedad de productos caseros

No hay ningún secreto en que las comidas y los refrigerios caseros son mejores opciones que sus equivalentes en caja, ya que puedes controlar los ingredientes que contienen. Debe preparar sus alimentos deshidratados por lotes para que SIEMPRE tenga una variedad de opciones saludables para tomar en casa.

Pero eso no es todo. ¡Un deshidratado de alimentos puede hacer mucho más que solo preparar alimentos deshidratados! Puedes usarlo para hacer productos caseros como:

• Hierbas secas.

• Tés de hierbas.

• Popurrí y flores secas.

• Iniciadores de fuego.

• Trata de perro

Papel (de secar la pulpa de productos)

Además de mejorar su salud y ahorrar dinero, la deshidratación también es perfecta para mejorar muchos aspectos de su vida hogareña.

Capítulo 2: Métodos de secado de alimentos

Secar los alimentos es una forma de conservar los alimentos para su uso posterior. Se elimina la humedad de los alimentos para evitar el deterioro. El secado adecuado de los alimentos conserva gran parte del sabor de los alimentos. Hay otras formas de hacer eso. Secar los alimentos es una forma excelente y económica de conservar los alimentos. Ya sea para almacenar alimentos para su uso posterior o para ampliar la disponibilidad de una cosecha, o incluso para evitar que los alimentos se echen a perder, el enfoque funciona bien. Los diferentes métodos de secado de alimentos tienen sus ventajas y desventajas. En última instancia, depende de las preferencias personales y la frecuencia de consumo obtener los beneficios óptimos sin aumentar los costos.

Puede secar fácilmente los alimentos y almacenarlos utilizando la combinación correcta de temperatura, baja humedad y corriente de aire. Para secar efectivamente los alimentos, necesita:

• **Humedad baja.** Baja humedad significa que la humedad puede transferirse de los alimentos al aire.

• **Fuente de bajo calor.** La temperatura cálida ayuda a evaporar la humedad.

• **Circulación de aire.** El secado se acelera por las corrientes de aire.

Los métodos más comunes para secar los alimentos se enumeran a continuación:

2.1. Uso de deshidratadores de alimentos

Estos dispositivos han sido diseñados para producir alimentos secos de mayor calidad. Se crearon mecanismos para preservar la mayor cantidad posible de sabor y color original de los alimentos.

Los deshidratadores de alimentos a menudo tienen un elemento de calentamiento eléctrico para secar los alimentos. Para un secado uniforme, hay un ventilador y respiraderos para dispersar la humedad.

Los alimentos secos se están reduciendo y se están volviendo más ligeros. Los deshidratadores de alimentos de excelente calidad harán que los alimentos secos retengan más de su sabor y color.

Muchos deshidratadores de alimentos asequibles están disponibles. Tiene que usarse con bastante frecuencia para aprovechar al máximo esa compra. Las personas con granjas o incluso jardines de patio trasero, que producen mucho durante el tiempo de cosecha, pueden maximizar su uso.

Pros

Los deshidratadores de alimentos están equipados con controles de temperatura y flujo de aire ajustables, lo que permite al consumidor ajustar el nivel de condiciones de secado para un mejor rendimiento. También permite que se produzcan las condiciones de secado más adecuadas para diversos tipos de alimentos, desde delicadas hierbas de hojas hasta deliciosas frutas, verduras con almidón y carnes.

Por ejemplo, las carnes necesitan un rango de temperatura limitado para secarse. Para ser saludable para la comida, debe tener una temperatura interna de 160°F, o 71°C.

La carne probablemente disminuirá y albergará mohos y bacterias si no se alcanza la temperatura interna necesaria. Estos efectivamente hacen que la carne sea un pedazo de veneno.

Obtener la temperatura adecuada con un deshidratador es más fácil. Este enfoque también disminuye la posibilidad de que los alimentos se calienten tanto cuando ya están cocinados, peor aún, se quemen.

Otros beneficios de los deshidratadores de secado de alimentos son:

- Se pueden secar más alimentos simultáneamente.

- Más eficiente en energía.

- Secado más rápido.

- Los buenos resultados son consistentes.

Contras

- Ocupa espacio para un mostrador.

- Algunos modelos pueden ser caros, de hecho.

- Durante la deshidratación, los ventiladores son ruidosos.

Tipos de deshidratadores

Ahora que está convencido de que comprará un deshidratador de alimentos, debe saber algunas cosas de antemano. Se recomienda que sepa todo lo que pueda sobre los deshidratadores de alimentos antes de visitar una tienda para realizar su compra.

Hay dos tipos de deshidratadores de alimentos disponibles:

- Deshidratadores de alimentos de flujo vertical

- Deshidratadores de alimentos de flujo horizontal

Deshidratadores verticales para la deshidratación de alimentos.

Los deshidratadores de alimentos con flujo vertical también se denominan deshidratadores de alimentos apilables. La fuente de calor se encuentra en la parte superior de la base del aparato en estas formas de deshidratadores. Consisten en bastidores que contienen bandejas de almacenamiento de alimentos durante el proceso de conservación. Las opciones disponibles más apropiadas son los deshidratadores de alimentos.

Como un ventilador está ubicado en la parte inferior del dispositivo que sopla el aire hacia arriba, el calor no se dispersa de manera uniforme. Funciona bastante bien para secar frutas y verduras. Sin embargo, se requiere un poco de esfuerzo extra para hacer que la carne esté seca. Durante el proceso, deberás rotar las bandejas para asegurarte de que toda la carne en un plato reciba un calentamiento uniforme.

Las rejillas se colocan una sobre la otra en un deshidratador de alimentos apilable y se sellan para que el calor no ingrese al aparato. Una base alimentada eléctricamente disemina aire caliente a todos los estantes donde se almacenan los alimentos para su secado.

El flujo vertical de alimentos deshidratados tiene muchos beneficios

- Son razonablemente asequibles.

- Por lo general, son pequeños y compactos, lo que permite un almacenamiento seguro. No ocupan mucho espacio en la cocina.

- Se pueden ampliar cuando lo desee. Todo lo que necesita hacer es comprar más bandejas y extender el deshidratador de alimentos de una sola vez para conservar más alimentos.

- El mercado ofrece muchos tamaños de deshidratadores apilables para alimentos. Debe elegir qué tamaño se adapta a sus necesidades.

Deshidratadores horizontales

Los deshidratadores de flujo horizontal generalmente se consideran deshidratadores de los deshidratadores de alimentos. Funcionan como un horno convencional y tienen una fuente de calefacción en la parte posterior de la unidad. Son más caros que los deshidratadores de alimentos apilables, pero lo que pasa es que incluso tienen calefacción. Si te encanta la cecina de res, la forma recomendada es un deshidratador de alimentos.

La deshidratación horizontal del flujo de alimentos está libre de estrés. En la parte posterior del aparato se encuentran la fuente de calor y el ventilador. En otro caso, las bandejas están bloqueadas. El ventilador sopla continuamente aire caliente a todas las placas.

Beneficios de deshidratación de alimentos de flujo horizontal

• Aunque en el lado más caro, vienen con varias ventajas.

• Proporcionan deshidratación, que es uniforme y productiva.

• Estos deshidratadores de alimentos pueden deshidratar alimentos más saludables.

• Son fáciles de usar y no tienen estrés.

• Pueden facilitar la preparación de recetas más deliciosas.

• En comparación con los deshidratadores de alimentos apilables, la resistencia de aislamiento es mayor.

Los seis mejores deshidratadores de alimentos disponibles en el mercado

1) El NESCO FD-75A Snackmaster Pro

Si los deshidratadores de alimentos tuvieran un concurso de popularidad, entonces quizás el NESCO FD-75A Snackmaster Pro ganaría. En todas partes con críticas favorables, incluidas las personas que los poseen y los usan, este es un contendiente adecuado para el futuro de su deshidratador de alimentos.

Es uno de los deshidratadores apilables, y también es muy fácil de usar. No llevaría mucho tiempo descubrir cómo hacer algunos hermosos lazos caseros de nueces, cecina de res u hongos secos. Funciona con 700 W y tiene un sistema de secado NESCO patentado llamado Converge-Flow, que fuerza el aire hacia abajo de la cámara presurizada desde el exterior en lugar de a través de las bandejas. Es para aquellos que son nuevos en el mundo de los alimentos secos.

Pros

• Famoso con una causa.

• Piezas nacionales hechas en los Estados Unidos.

• Tienen un precio razonable.

• Se expande a 12 tonos.

Contras

• No posee un temporizador.

• No es excelente para secar plantas.

2) Gardenmaster NESCO FD-1040

Este es el deshidratador de vegetales de nivel medio para el hogar de NESCO. Es más grande y pesado que el nivel de entrada NESCO más popular.

El NESCO FD-1040 Gardenmaster consume 1000W (principalmente energía de secado, pero no todo; también tiene un ventilador y un circuito digital que consume energía) y tiene un control incorporado de temperatura ajustable. También tiene un temporizador inalámbrico que es programable. Este deshidratador de alimentos de plástico libre de BPA está hecho en los EE. UU. Para aquellos que desean comprar productos domésticos. Viene con una garantía de 2 años y un folleto con orientación sobre los fundamentos de la deshidratación de alimentos.

Pros

De confianza

- Fácil de usar.

- No BPA.

- Posibilidad de extender hasta 20 bandejas.

- Hecho en los Estados Unidos.

Contras

- Más alto que otras máquinas pequeñas.

3) Presto 06301 Dehydro Web

El Presto 0630 Dehydro es otro deshidratador de alimentos apilable que es útil para secar frutas, verduras y especias. No es demasiado grande dado que viene con solo seis bandejas, aunque se puede extender hasta 12 (las bandejas adicionales se venden por separado). Viene con un termostato con cable y un temporizador. También contiene dos hojas de rodillos de fruta y dos placas de paneles de malla antiadherentes.

Este es un deshidratador de alimentos de 700W con un elemento calefactor colocado en la parte inferior y un ventilador. Es bastante fácil de usar y mantener limpio, y es ideal para las personas que consideran que la conservación de los alimentos es menos apasionante y más una actividad ocasional que realizan cuando tienen ganas de cocinar algunos refrigerios caseros que no irán mal para un mientras.

Pros.

- Más pequeño y compacto.

- No es una inversión sustancial.

- Mantenimiento de instalaciones.

- Se incluye en el paquete de inicio de condimentos.

Contras

- Menos poderoso.

- Menos bandejas para secar.

4) Artículos para el hogar con aroma profesional

Este deshidratador de alimentos de tamaño cuadrado tiene siete niveles de temperatura diferentes, lo que le permite producir la temperatura de cocción perfecta para deshidratar incluso los alimentos más difíciles. Este es negro, a diferencia de la mayoría de los otros deshidratadores de alimentos que vienen en color blanco o plateado.

También contiene seis bandejas de secado libres de BPA (5.5 pies cuadrados de área total utilizable) que pueden contener hasta 1 libra de cada uno de los alimentos. Este es un excelente deshidratador de alimentos para aquellos que no son entusiastas de los alimentos secos pero que a veces les gusta preparar sus bocadillos saludables.

Pros

- Durable, fácil de usar

- Alta capacidad

- Control preciso de la temperatura.

- Ventilador montado en la parte trasera

Contras

Solo 400 W de potencia

5) STX DEH-1200W-XLS Deshidratador digital de alimentos de acero inoxidable de grado profesional

El Dehydra es un deshidratador de 10 bandejas y 1200W que tiene componentes de acero inoxidable en lugar de los componentes de plástico estándar. Esto significa más longevidad y menos riesgo de lixiviación a los alimentos del BPA y otros químicos tóxicos.

Tiene un panel de control digital, con siete temperaturas de calor preestablecidas. Su rango de temperatura varía de 97°F a 165°F, lo que lo hace muy capaz de cumplir con la temperatura recomendada por el USDA para una preparación saludable de cecina. Viene con un temporizador de apagado de 15 horas, además.

La unidad ocupa más espacio que otros modelos domésticos como deshidratador diseñado para uso industrial / comercial. Esto es ideal para aquellos que buscan un enfoque más exitoso para la conservación de alimentos.

Pros

- Componentes de acero inoxidable
- Versatilidad con siete opciones de temperatura preestablecidas.
- La temperatura máxima con 165°F prepara de forma segura la carne seca

Contras

- Más voluminoso que otros deshidratadores domésticos.
- Modelo más caro.

6) Excalibur

El deshidratador de 9 bandejas Excalibur 3926 TB podría ser la opción perfecta para usted si está buscando una gran capacidad y las mejores características. Este modelo más vendido le brinda un área de secado de 15 pies cuadrados, tiene un monitor de temperatura ajustable, temporizador automático y obtiene puntajes máximos en las revisiones en línea de los clientes.

También es de un buen proveedor. En los deshidratadores de alimentos, a veces se hace referencia a Excalibur como la primera palabra y tiene la reputación de crear productos de calidad y duraderos.

Este modelo es un deshidratador eléctrico de alimentos en el estilo de caja de 9 bandejas con un sistema de secado especial, construido para proporcionar calor y flujo de aire para obtener los mejores resultados en todo tipo de alimentos.

Sin embargo, no es para todos. Un factor es el tamaño. El tamaño de la unidad es otro, particularmente para aquellos con cocina o espacio de almacenamiento muy limitados. Debe "pensar antes de comprar", como siempre, por lo que esta revisión cubre toda la información para ayudarlo a determinar si este deshidratador de alimentos es adecuado para usted.

Pros

- Mucho espacio para las bandejas y funciona para usuarios pesados o procesamiento de temporada alta a gran escala.
- Regulación de temperatura ajustable: funciona bien y baja lo suficiente para el rango de temperatura de los "alimentos vivos".
- Temporizador de apagado automático: si corresponde, puede dejar el dispositivo desatendido (una de las mejores funciones).
- Se ajustará a alimentos gruesos y artículos altos: ¿solo quitará las bandejas superiores para ampliar el espacio disponible?
- Excalibur tiene una reputación comprobada por la fabricación de productos de alta calidad y de primera línea.

Contras

- Precio más caro que los deshidratadores sin temporizador.
- Quizás un poco más ruidoso que otros deshidratadores.

- No contiene láminas sólidas para fruta coriácea o productos con goteo.

- Los controles ubicados en la parte posterior del sistema pueden ser incómodos si el dispositivo se usa debajo de gabinetes en el mostrador.

2.2. Usando el horno

Los alimentos que secan en el horno son otra forma fácil de producir mejores resultados al secar los alimentos. El secado completo de los alimentos tarda entre 5 y 6 horas, o incluso más. Otros alimentos, como la carne y los alimentos con almidón, pueden tomar más tiempo.

El secado de alimentos en el horno generalmente necesita poco calor; Además, algunos alimentos blandos solo pueden necesitar calor de la luz piloto de gas para secarse correctamente. Las temperaturas del horno generalmente serán pequeñas a 140°F, siempre que sea posible. Más alto que esto y es más probable que la comida se cocine en lugar de secarse.

Mantenga la puerta del horno parcialmente abierta mientras se seca la comida; bastará un espacio de 2 a 4 pulgadas de ancho. Permite que los alimentos circulen dentro del horno. Para un secado uniforme, la circulación de aire es importante. Colocar un ventilador cerca de la puerta ligeramente abierta del horno también ayudará con la circulación del aire.

Puedes usar un horno de cualquier tipo. Solo se necesitarán algunos ajustes para obtener las condiciones adecuadas para la alimentación uniformemente seca. Un horno eléctrico es hermoso, pero consume una gran cantidad de energía. El costo de la energía es alrededor de 9 a 12 veces mayor que el costo de enlatar alimentos.

Un horno de convección es el más económico para el secado en horno, o al menos, los más recientes. Los hornos de convección tienen niveles de temperatura controlables, siendo el más bajo a 120°F, que es más que adecuado para los alimentos secos. El mismo horno se puede usar de muchas otras maneras además de secar los alimentos, lo que lo hace aún más económico y práctico. Un horno de gas también puede funcionar, pero mantener bajas temperaturas para secar los alimentos será un desafío. Corre el riesgo de cocinar, en lugar de secar la comida. Para evitar esto, sostenga la puerta del horno en el proceso. Revise el horno y manipúlelo regularmente para obtener la configuración correcta.

Pros

• Multifuncional tiene otras aplicaciones, por lo que no ocupa mucho espacio en el mostrador durante la mayor parte del año.

• No es necesario gastar en equipo adicional.

Contras

• Toma más tiempo para que la comida se seque.

• Requerir pruebas y violines regulares durante el proceso de secado.

• Requiere más energía.

• Más difícil de mantener la temperatura y mantener una buena circulación de aire.

• Mayor riesgo de quemar o secar los alimentos.

2.3. Secado al sol

Este es el proceso más antiguo de secado de alimentos y el más fácil de obtener. Es barato y no utiliza costosos recursos de gas o electricidad.

El sol está secando los alimentos, pero eso no siempre está disponible. Hay varios lugares donde hay poco sol. Algunos pueden tener la cantidad correcta de horas de luz solar, pero el calor no es suficiente para secar los alimentos adecuadamente. Además, ¿cuántos días de sol están disponibles? No es necesariamente sencillo. Los alimentos generalmente requieren de 3 a 4 días de secado.

El calor del sol no se puede controlar. Es posible que no emita suficiente calor para secar los alimentos rápidamente. Si la comida no se seca a tiempo, el moho puede crecer y dejar la comida inutilizable. Los alimentos también pueden comenzar a echarse a perder antes de secarse adecuadamente al sol.

Para que el secado al sol sea exitoso, la exposición directa al sol debe durar largas horas. Una temperatura de 95 grados Fahrenheit es ideal para 3 a 5 días de secado de fruta. La humedad también será inferior al 20 por ciento. De lo contrario, la humedad y los períodos más cortos de exposición directa al sol pueden fomentar el crecimiento de moho.

Pros

• Gratis Sin costo adicional para el equipo.

• Sin costo adicional por electricidad o gas.

Contras

• Rápido imposible de controlar la temperatura y la humedad para garantizar condiciones de secado constantes.

• El resultado impredecible que algunos pueden secar completamente. Algunos pueden no secarse de manera uniforme. Algunas personas simplemente no podían pasar la energía libre del sol a los alimentos secos.

• ¿Por qué invertir cuando hay algo seguro? Para maximizar el rendimiento y aumentar la calidad, las personas están utilizando secadores solares.

Consejos para secar sus alimentos al sol

1. Si está utilizando un secador directo o indirecto, hay algunas consideraciones para evitar errores costosos.

2. 1. Asegúrese de controlar las temperaturas dentro del deshidratador. La comida se deshidrata mejor entre 120-140°, cocinando a 180°C.

3. 2. Cuando la deshidratación no esté completa, lleve las bandejas de comida en interiores por la noche para evitar el aire frío y húmedo que puede rehidratar lo que ha estado comiendo ese día.

4. 3. Encontrará que los platos inferiores se secan más rápidamente que las bandejas superiores. Para evitar esto, verifique que los alimentos se estén secando constantemente y, si es necesario, mueva los platos.

5. 4. La preparación adecuada de los alimentos ahorraría tiempo. Corte los alimentos en rodajas finas y regulares, para garantizar una operación rápida y uniforme. Los espesores variables causarán una gran irritación porque tendrá que probar y eliminar las piezas que están terminadas antes que otras continuamente. La comida parece seca pero flexible cuando está lista, y cuando se rasga, no rebosará humedad.

6. 5. En general, la deshidratación de los alimentos utilizando la energía del sol es un método eficaz y

satisfactorio para mantener el excedente de cosecha que ha estado desarrollando durante toda la temporada. Repleto de vitaminas y fibra, en un frío día de enero, el sabor de un tomate secado al sol lo llevará de regreso a los jardines de verano.

2.4. Secado solar

Esto se puede hacer fácilmente a un costo muy bajo. Algunos de los diseños simples solo usan envoltorios de plástico y cajas de cartón.

Esta es una forma indirecta de utilizar la energía solar para secar los alimentos. El aire calentado por el sol se aprovecha y se usa para alimentar el secador solar.

También existe el problema de tener la temperatura y la humedad adecuadas durante el proceso de secado utilizando un secador solar o un secado directo al sol. Incluso esos planes mejor trazados pueden fallar. El clima, después de todo, puede ser muy impredecible.

Beneficios de secado solar

• El secado es más rápido ya que hace más calor dentro de la secadora que afuera.

• Menos posibilidades de deterioro, debido a la velocidad de secado. (Si el proceso de secado es lento, la fruta comenzará a fermentar y el producto se echará a perder).

• La sustancia es inmune a las moscas, insectos, lluvia y polvo.

• Está ahorrando mano de obra. El producto puede dejarse durante la noche en la secadora o durante la lluvia.

• La consistencia del producto es mayor con respecto a los nutrientes, el saneamiento y el color.

Mejores consejos

Optimice la entrada de calor solar en su secadora

Un secador solar de alimentos está hecho para funcionar en exteriores en cualquier lugar soleado, como un patio, terraza o patio. Compruebe si hay árboles y edificios que puedan bloquear la luz solar en diferentes momentos del día, y elija el lugar menos obstruido de su secadora.

Antes de cada sesión de secado, limpie el acristalamiento solar con un paño húmedo para evitar el polvo que pueda acumularse encima. El polvo de glaseado disminuirá rápidamente su producción de energía solar en un 10% a 20%.

Cambie su secadora para enfrentar el sol para obtener rayos solares completos. Haga tres ajustes: para el sol de la mañana, el sol del mediodía y el sol de la tarde.

Optimizar el flujo de aire

Se requiere flujo de aire para eliminar la humedad y reemplazar el aire seco y cálido con aire húmedo. En lugar de ventiladores mecánicos, los secadores solares dependen de la convección natural para mover el aire. El aire caliente sube, por lo que controla el flujo de aire al regular la ventilación superior de la secadora.

Ajuste la ventilación para permitir el flujo de aire completo en su secadora mientras mantiene temperaturas de secado suficientes. La temperatura de secado depende de usted, pero se recomienda secar a 120 a 140°F porque los alimentos se secan a temperaturas más altas con mayor rapidez.

Comida bien preparada.

La preparación adecuada de los alimentos acelerará el secado considerablemente. Corta todos los alimentos a un grosor uniforme para que se sequen aproximadamente al mismo ritmo en cada pieza. En general, se recomienda mantener todos los alimentos hasta un grosor máximo de 1/4.

Corta las pieles de frutas y verduras para revelar la carne. Las pieles pueden dificultar seriamente el secado.

Cargue los alimentos, de modo que cada pieza de comida tenga un pequeño espacio a su alrededor para facilitar el movimiento del aire. La sobrecarga de la secadora ralentizará el secado y no ahorrará tiempo.

Comience su secado solar por la mañana con un pronóstico soleado fuerte en un día. Idealmente, desea que sus alimentos preparados se transfieran rápidamente a la secadora para preservar los nutrientes. También desea que su secadora reciba sol por la mañana, para que comience a secarse de inmediato.

Si tiene una carga grande y húmeda de tomates o frutas que tomará más de un día, el primer día de secado, necesita un día soleado para eliminar la mayor parte de la humedad y comenzar el proceso de conservación. Esto permitirá que los alimentos pasen la noche sin pérdida de calidad.

Esto es todo lo que necesita para obtener excelentes resultados de manera consistente.

Si tiene una carga que requiere un segundo día de secado, y el clima se vuelve parcialmente nublado el segundo día, aún obtendrá buenos resultados, incluso si necesita tomar un día adicional, ya que su comida ya ha eliminado la mayor parte de la humedad y el proceso de preservación ha comenzado. Sin embargo, si su clima en el segundo día se vuelve nublado o lluvioso, utilice la calefacción eléctrica de respaldo (si está disponible) para completar el trabajo del sol.

2.5. Secado al aire

Otra vieja forma de secar la comida es esta. La comida se cuelga en el interior y se deja secar. Porches o habitaciones protegidas a menudo ayudan a secar el aire.

Como su nombre indica, la comida debe tener suficiente flujo de aire para secarse correctamente. La comida se empaca dentro de bolsas de papel con agujeros en los costados para protegerla del polvo y los insectos para una circulación de aire adecuada.

Este proceso es diferente al secado por calor. No depende de la luz solar o del calor adecuado del sol. La única preocupación es la humedad. La baja humedad debe estar en la superficie. De lo contrario, la humedad del aire puede estimular el crecimiento de moho en los alimentos en lugar de ayudar a que se seque más rápidamente.

Pros

- Gratis

- Sin costo adicional por ningún equipo

- Sin consumo de energía.

- Simple

Contras

- La humedad puede aumentar antes de que los alimentos se sequen adecuadamente, lo que genera moho

- Puede producir un secado inconsistente, los alimentos se secan completamente alrededor del perímetro, pero los que están en el centro todavía son blandos, incluso mohosos.

- El color y el sabor se desvanecen a medida que la comida se seca.

2.6. Secado por microondas

Esta es probablemente la forma más rápida de secar los alimentos. Solo unos pocos ciclos cortos secarán los alimentos de color y los aromatizarán intactos. Esto encaja mejor con hierbas y vegetales, que son de hoja. Usando el proceso de secado por microondas, otros alimentos no se secan completamente. La mayoría de los otros alimentos comenzarán a cocinarse incluso antes de que comience a secarse.

Pros

• Secado rápido de los alimentos.

• Buen perfil de color y sabor de los alimentos secos.

Contras

• Funciona solo para pequeñas cantidades

• Los alimentos pueden tener un sabor a quemado, ya que se conserva el color, lo que dificulta saber si comienza a cocinarse o se quema.

• Tome hierbas, por ejemplo. El secado en microondas hace que las hierbas secas se vean igual que las de la planta. Cuando se seca, no se dora. El dorado es una señal de que las hierbas comienzan a cocinarse o incluso a quemarse. Por lo tanto, determinar si los ciclos son suficientes o más es un desafío.

Mejores consejos

1. Cortar la fruta en rodajas pequeñas. Intenta obtener rodajas finas básicamente, pero no te vuelvas loco.

2. Lave y seque la bandeja giratoria del microondas, ya que colocará su fruta directamente sobre ella. Puede usarlo si tiene una alfombrilla de silicona apta para microondas como Silpat (aunque puede que no encaje bien en su microondas).

3. Coloque las rodajas de fruta en el plato de microondas y les da un poco de espacio para respirar (al menos una pulgada o dos).

4. ¡Configure el temporizador en 30 minutos!

5. ¡Pero no tan rápido! Verifique que use la función "descongelar". Vuelva a revisar y voltee la fruta 30 minutos después (tenga cuidado: ¡estará caliente!). Podría hacerse, o podría tomar un par de minutos si nota que está húmedo. Si bien la manzana en rodajas tardó entre 30 y 33 minutos, tanto la pera como el mango (¡frutas más jugosas!) Necesitaron más de 45.

7. Transfiera la fruta a una rejilla para refrigerar. Si no está tan crujiente como quisiera, puede deshidratarlo aún más en un horno a baja temperatura (200° a 275°F).

Capítulo 3: Antes de comenzar a secar los alimentos

Si estaba nervioso o confundido acerca de cómo comenzar, ¡este consejo debería ser suficiente para ayudarlo a comenzar de inmediato!

3.1. Selección de alimentos (cuándo deshidratar los alimentos)

Cuando estén en su apogeo, querrás cosechar frutas y verduras.

Esto se debe a que comenzará a perder nutrientes tan pronto como seleccione la fruta o verdura, y el sabor comenzará a cambiar. Querrás cosecharlo para conservar el sabor y prepararlo para que se seque tan pronto como esté maduro.

Si cultivas verde con productos maduros, así es exactamente como va a salir del sistema, por lo que no quieres eso. No ponga en la máquina ninguna marca poco madura.

El proceso de secado está destinado a preservar el sabor, aunque las cosas a veces saben más dulces cuando salen, especialmente la fruta. El secado elimina toda la grasa y el carácter de la fruta se vuelve más concentrado.

Si algo es demasiado maduro y suave, siempre puedes secar el puré y hacer un puré. Aunque el uso de frutas y verduras de la mejor calidad dará como resultado productos secos de la mejor calidad, recuerde que la preservación es el objetivo aquí, no la perfección.

Por lo tanto, no tenga miedo de que los alimentos magullados, demasiado maduros y ligeramente dañados se deshidraten. Solo asegúrese de no poner el moho en el deshidratador, ya que puede extenderse e infectar el resto de los alimentos.

Al seleccionar, tenga en cuenta los puntos simples:

• Utilice solo frutas y verduras maduras, de buena calidad.

• Las frutas y verduras se recolectan individualmente.

• Deseche las frutas y verduras podridas, debilitadas o enfermas.

• Recuerde que el procesamiento no puede mejorar el lavado de frutas o verduras de baja calidad.

3.2. Preparación de deshidratación de alimentos

1) Toma tus herramientas

El objetivo principal de preparar los alimentos para la deshidratación es lograr un espesor uniforme. Por lo tanto, las cosas se deshidratarán a la misma velocidad y te dejarán con un producto final consistente. Una o dos piezas más gruesas que no se sequen por completo provocarán el deterioro del almacenamiento.

Usar la herramienta adecuada para el trabajo para garantizar que obtenga el mejor resultado posible.

Necesitarás:

• Deshidratador o tendedero para secar la comida casera.

• Tabla de cortar y un cuchillo pequeño.

• Olla grande y pesada.

• Procesador de alimentos o licuadora (para "cueros").

• Ensalada de hilandero (opcional).

Si deshidratas muchas de tus frutas, los artículos especiales como los deshuesadores de cerezas y los descorazonadores de manzana aceleran el procesamiento.

Cuchillo afilado y tabla de cortar

Un cuchillo afilado y una tabla de cortar son útiles para cortar frutas y verduras en trozos más delgados que se secan más rápido y de manera más uniforme. Una mandolina de corte o un procesador de alimentos pueden acelerar el corte, pero no es necesario.

Olla grande, pesada y resistente

Una olla de tamaño pesado y resistente es útil para cocinar salsas y para escaldar frutas y verduras. Una sartén de fondo grueso le permite cocinar salsas a fuego lento sin quemar. Para varias verduras y algunas frutas, se recomienda escaldar (pre-tratar los alimentos sumergiéndolos en agua hirviendo).

Licuadora o Procesador de Alimentos.

Necesitaría una licuadora o procesador de alimentos para los purés y "cueros". Puede hacer cuero de frutas de casi cualquier tipo de fruta, pero debe hacerse puré hasta que quede suave.

Ensalada de hilandero.

- Limpiar y secar las hierbas con mi ensaladera antes de ponerlas en el deshidratador.

2) lavado

- Limpie todas las superficies de trabajo antes de procesar las frutas o verduras.

- Se debe usar una solución de lejía doméstica para preparar agua para lavar.

- Prepare la solución de limpieza de la siguiente manera: - Vierta en un balde limpio, 50 partes de agua limpia (por ejemplo, 20 litros).

- Aplique un componente de cualquier blanqueador doméstico que contenga cloro (por ejemplo, 400 ml). Se deben usar guantes de plástico al combinar la solución por razones de salud.

- Un balde de agua tratada (20 litros) es adecuado para limpiar 20 kg de fruta.

- Use una solución de limpieza fresca y cotidiana.

- En el agua preparada, las frutas y verduras recogidas deben lavarse y fregarse individualmente con guantes de plástico.

- Se debe tener cuidado para evitar romper la piel de la fruta durante la limpieza y así contaminar la carne.

- Las frutas y verduras lavadas deben colocarse en una canasta o cubo limpio y llevarse al área de blanqueo o pelado.

3) Pelar

Cualquier cosa que deshidrate no necesita ser pelada. La razón principal para extraer las pieles de las frutas y verduras es deshacerse de las imperfecciones que afectan el sabor y la apariencia. También puede optar por quitar las pieles de los productos no orgánicos para minimizar la exposición a pesticidas.

Sumérgelos en el agua hirviendo por hasta 60 segundos si deseas extraer la piel de frutas como los albaricoques, duraznos o tomates. Luego, coloque otros 60 segundos más en agua fría, o hasta que las pieles comiencen a arrugarse y levantarse. Ahora las pieles se quitan rápidamente a mano.

Consejos para pelar.

- La higiene es clave cuando se despega.
- No se pela en el área donde se lava la materia prima.
- Antes de tratar la fruta, el área debe ser barrida y lavada completamente.
- Antes de usar, los cuchillos de pelar y las superficies de trabajo deben limpiarse en una solución de lejía fresca.
- El operador se lavará minuciosamente las manos y los brazos con agua limpia y jabón sin perfume.
- Siempre se deben usar cuchillos limpios y afilados hechos de acero inoxidable.

- Es necesario pelar cuidadosamente con un mínimo de remoción de la carne.

- Las cáscaras y semillas de frutas y verduras deben eliminarse lo antes posible, ya que las moscas y otros insectos son atraídos.

- Los peelings pueden usarse como alimento para animales o mantillo o enterrarse en ausencia de usos alternativos.

4) Cortar y rebanar

• El grosor de los trozos de fruta depende del tipo de fruta que se seque.

• Las rebanadas más gruesas se secan a una velocidad menor que las más delgadas.

• Parece que se pegan trozos bastante pequeños a las bandejas de secado y son difíciles de limpiar.

• Las piezas más gruesas pueden no secarse completamente y pueden deteriorarse después del empaque.

• Los paquetes de componentes secos con espesor variable tienden a ser relativamente poco atractivos.

• Antes de usar, es importante limpiar los cuchillos de corte y la superficie de trabajo con una solución de lejía.

• Las rodajas deben colocarse en vasos limpios, enjuagarse con agua limpia lista para cargarse en la bandeja de secado.

• Deben cepillarse limpiamente y lavarse antes de llenar las bandejas.

5) blanqueo

Puede escaldar las verduras al vapor durante 2 a 5 minutos, que generalmente tardan más en cocinarse. Esto ayudará a conservar los nutrientes antes del secado y evitará la pérdida de sabor.

Blanquear, blanquear o no.

Blanquear significa precalentar sus verduras, frutas y carnes hasta que se coloquen en su deshidratador. Por lo general, las personas blanquean las verduras, especialmente las que tardan más en cocinarse, porque ayuda a evitar la pérdida de sabor antes de secarse. La forma más fácil de blanquear es colocar verduras en la cesta de su vaporizador y debajo del agua caliente. Cueza al vapor hasta que las verduras se enfríen a la mitad durante 2 a 5 minutos.

Las verduras más populares para blanquear incluyen:

• Espárragos (3 a 6 minutos)

• Brócoli (3 a 5 minutos)

• Repollo (2 a 3 minutos)

• Zanahorias (3 a 4 minutos)

• Maíz (1 a 4 minutos)

• Judías verdes (4 a 5 minutos)

• Guisantes (3 minutos)

• Col, espinacas (solo a marchitas)

Blanquear algunas verduras antes de la deshidratación ayudará a mantener el sabor y la calidad.

6) Inmersión de sabor y color.

Hay una razón por la cual las frutas secas procesadas comercialmente conservan su color y textura. También estaba recubierto de conservantes. Estos conservantes, agregados a la superficie de la fruta, ayudan a salvar la apariencia y el sabor de la fruta fresca.

No significa que tenga que cubrir sus alimentos con un conservante antes de secarlos, pero vale la pena considerar cómo prolongar la vida útil de los alimentos. Aquí hay algunas opciones que son particularmente buenas para detener el oscurecimiento de las frutas de colores claros.

Ácido ascórbico: en 1 cuarto de agua, disuelva 1 cucharada de ácido ascórbico puro. A la solución, agregue alimentos rebanados o picados y deje reposar por no más de una hora. Retire, limpie y enjuague suavemente antes de aplicar a las bandejas del deshidratador. En su supermercado o tienda de alimentos saludables más cercana, generalmente encontrará ácido ascórbico.

Ácido cítrico: en forma cristalina, disuelva 1 cucharada de ácido cítrico. Trátelos como arriba. El ácido cítrico es tan fuerte como el ácido ascórbico solo 1/8, y le dará un sabor más ácido a las frutas. Compre el ácido cítrico en su tienda local de alimentos o supermercado.

Jugo de fruta: Agrega 1 cuarto de agua 1 taza de jugo de limón. Sumerge la fruta por un máximo de 10 minutos, luego drene bien. Al igual que el ácido cítrico anterior, el ácido ascórbico (aproximadamente 1/6 tanto) no es tan efectivo como el jugo de fruta y dejará un sabor agrio en la fruta.

Bisulfito de sodio: 1 cucharadita de bisulfito de sodio en polvo se disuelve en 1 cuarto de agua. Hasta cortar, escurrir y enjuagar, remoje la fruta cortada por 2 minutos. No reutilice la solución de bisulfito de sodio, porque la próxima vez será menos efectiva. Esté atento también a las alergias comunes al sulfito.

3.3. Almacenar alimentos deshidratados

El secado es una forma perfecta de conservar los alimentos, pero solo si lo está haciendo bien. Aquí hay algunos consejos para el almacenamiento saludable de sus alimentos secos en el hogar:

Necesitarás:

• Tarros de cristal

• Contenedores

• Bolsas de congelador

• Bolsas de plástico

Embalaje y almacenamiento de alimentos secos

Los alimentos secos tienen un alto riesgo de contaminación por insectos y la reabsorción por humedad, y deben empacarse y almacenarse inmediatamente de manera adecuada. Primero, totalmente genial. La comida caliente induce la sudoración, que puede proporcionar la humedad adecuada para desarrollar mohos. Empaque los alimentos en recipientes limpios, secos y a prueba de insectos, sin triturarlos con la mayor fuerza posible.

Coloque los alimentos secos en frascos de conservas limpios y secos, recipientes de plástico ajustados con tapa o en bolsas reutilizables para congelar. El envasado al vacío también es una buena opción. Empaque los alimentos en cantidades que se puedan usar de una sola vez. Con el tiempo, un producto se vuelve a abrir, los alimentos están expuestos al aire y a la humedad, lo que puede disminuir la calidad de los alimentos y contribuir al deterioro.

Empaque la comida en cantidades que se incluirán en una receta. Cada vez que se vuelve a abrir un paquete, los alimentos están expuestos al aire y a la humedad, lo que disminuye la calidad de los alimentos.

La fruta sulfurada no toca el metal. Coloque la fruta en una bolsa de plástico hasta que pueda colocarse en un recipiente de metal. Los vapores de azufre reaccionan con el metal y causan cambios de color en la fruta.

Los alimentos secos deben almacenarse en áreas frescas, secas y oscuras. Los períodos de almacenamiento recomendados varían de 4 meses a 1 año para alimentos secos. Dado que la consistencia de los alimentos está influenciada por el calor, la temperatura de almacenamiento ayuda a decidir la duración del almacenamiento; cuanto mayor es la temperatura, menor es el tiempo de almacenamiento. La mayoría de las frutas secas se pueden almacenar a 60°F durante 1 año, a 80°F durante 6 meses. Las verduras tienen aproximadamente la mitad de la vida útil de la fruta.

Aparentemente, los alimentos envasados "completamente secos" se echarán a perder si la humedad se reabsorbe en el transcurso del almacenamiento. Pruebe con frecuencia los alimentos secos durante el almacenamiento para ver si todavía están intactos. Los recipientes de vidrio son buenos para el almacenamiento, ya que es fácil eliminar la humedad que se acumula en el interior. Los alimentos afectados por la humedad deben usarse inmediatamente o volverse a empaquetar y volver a empacar, pero no estropearse. Debes eliminar los alimentos con moho.

Acondicionamiento de frutas

El contenido de humedad de las frutas secas caseras debe ser de alrededor del 20%. Cuando la fruta se retira del deshidratador, debido a su tamaño o posición en el deshidratador, la humedad residual no se puede distribuir uniformemente entre las partes. El acondicionamiento es el proceso por el cual se iguala la humedad. Reduce el riesgo de crecimiento de mohos.

Para preparar la fruta, tome la fruta enfriada y seca, y empaquétela en frascos de plástico o vidrio. Selle y deje reposar los recipientes durante 7 a 10 días.

Las secciones más secas eliminarán el exceso de humedad en algunas piezas. Agite regularmente los frascos para eliminar las piezas y pruebe la condensación de humedad.

Si se produce condensación en el recipiente, devuelva la fruta al deshidratador para que se seque más. Empaquete y almacene la fruta después del acondicionamiento, como se describió anteriormente.

Determinación de la sequedad vegetal

Las verduras deben secarse hasta que estén quebradizas o "crujientes". Si se golpea con un martillo, algunas verduras se rompen. Deben contener alrededor del 10 por ciento de humedad en este punto. No necesitan ser acondicionados como las frutas, porque están muy secos.

Consejos útiles para el envasado de alimentos deshidratados y secos

• No prepare alimentos secos para el almacenamiento hasta que estén completamente frescos al tacto. El aire alrededor de los alimentos secos calientes contiene más contenido de humedad, que luego se libera a medida que se enfría. Puede terminar con gotas de agua en su recipiente de almacenamiento, lo que reducirá la vida útil de los alimentos secos.

- Antes de que estos puedan almacenarse, las frutas secas deben ser acondicionadas. Tienes que ponerlos en botellas sueltas. Agite los frascos 7-10 días una vez al día. Si ve condensación en la olla durante el período de acondicionamiento, debe devolver la fruta al deshidratador para que se seque más.

- Coloque los alimentos secos en recipientes o bolsas para congelar, que sean herméticos. Puede usar un recipiente hermético que pueda convertirse en decoración y almacenamiento. Serán bolsas de congelador si usa bolsas de plástico que son más gruesas que los paquetes de emparedados simples.

- Asegúrese de eliminar todo el aire de la bolsa antes de sellar, cuando use bolsas para congelador.

- El sellado al vacío le brindará la mejor vida útil, ya que extrae la humedad y mantiene los alimentos secos libres de humedad y moho. Si va a secar alimentos, vale la pena obtener un sellador al vacío.

- Almacene la fruta de azufre o póngala en una bolsa de plástico en recipientes no metálicos antes de colocarla en el recipiente metálico. De lo contrario, el azufre reaccionaría con el metal y puede crear sabores desagradables.

- Almacene los alimentos secos en lotes pequeños para mantener la frescura y reducir el riesgo de contaminación. Las porciones individuales de la tienda deben asegurarse de que el recipiente no se abra ni se cierre, liberando aire que pueda contribuir al moldeo y al deterioro.

- Marque, con qué es cada contenedor y la fecha en que fue embalado. No desea tener muchos artículos misteriosos en sus estantes, por lo que debe usar los artículos más antiguos antes de que comiencen a perder su frescura.

Consejos útiles sobre el almacenamiento de alimentos secos

- Almacene los recipientes en un lugar fresco, seco y oscuro. Es mejor a temperaturas de 60 F o 15 C (o menos). La exposición a la luz degradará los alimentos secos, por lo tanto, espere usar los alimentos más temprano que tarde si almacena los frascos en su mostrador o estantes.

- Puede almacenar frutas y hierbas secas por hasta un año.

- Puede almacenar verduras y carnes secas por hasta seis meses.

- Si desea utilizarlos durante un período más prolongado, guarde los alimentos secos en el congelador.

- Si aparece condensación dentro de uno de los recipientes de comida secados en el hogar, entonces debe secarse nuevamente.

- Almacene los artículos para mantener las cosas más viejas en la parte delantera o superior para que pueda usarlas mientras sean de buena calidad.

Consejos para usar frutas y alimentos deshidratados procesados

- La tienda abrió contenedores de alimentos secos en el refrigerador o congelador para preservar la frescura.

- Inspeccione antes de comer todos los alimentos secos y elimine todo con moho. En caso de duda, a la basura.

Capítulo 4: Una guía paso a paso para deshidratar varios alimentos fácilmente en casa

Incluyendo frutas y verduras a la carne y el pescado, puede secar casi todo. Las hierbas secas caseras representan una fracción del costo de las hierbas compradas en la tienda. Las pieles de frutas naturales en la tienda también son bastante caras y son una de las cosas más simples que hacer en su deshidratación. Puede preparar bocadillos para personas y mascotas usando su deshidratador. También se puede usar para secar el exceso de granos de kéfir o masa madre de arranque.

El secado de alimentos en el hogar trabaja para preservar los alimentos al reducir el contenido de agua de los alimentos, lo que lo hace inhóspito para el moho y las bacterias. Los alimentos con alto contenido de grasa tienden a no secarse completamente y es más probable que se echen a perder. Al deshidratar cualquier producto cárnico, siempre tenga mucho cuidado. Las carnes secas se almacenan mejor en el refrigerador o congelador.

La comida deshidratada es fácil de hacer, deliciosa y una excelente manera de hacer que tu comida vaya más allá.

Los alimentos deshidratados, si se almacenan en un recipiente hermético en un lugar fresco y oscuro, pueden durar un mes o más (dependiendo de los alimentos). Ideal para meriendas, loncheras y para llevar; Los alimentos deshidratados son una forma conveniente de reducir el desperdicio de sus alimentos. Aunque la deshidratación puede ser una forma menos común de conservar los alimentos que la congelación o el enlatado, ¡no es menos eficaz!

Los alimentos deshidratados, en realidad, brindan muchos beneficios específicos que no ofrecen los alimentos congelados o enlatados.

Hay muchos conocimientos útiles sobre deshidratación, pero cuando ya estás familiarizado con ellos, ¡todo ese conocimiento puede ser un poco desalentador! Así que hoy vamos a explorar alimentos que puedes deshidratar en casa, junto con consejos para hacer un buen uso de esos alimentos secos.

¿Estás atrapado con las ideas? Echa un vistazo a los alimentos que se encuentran en tu cocina, que puedes deshidratar.

4.1. Frutas

Las manzanas secas, los plátanos, los albaricoques, el bolígrafo y las fragantes fresas te hacen meriendas saludables y felices que puedes agregar a tu desayuno muesli o comer sobre la marcha. ¡Los niños también parecen amarlos también! Son un artículo de lujo cuando se compran en la tienda, cuestan una pequeña fortuna, y a menudo contienen dióxido de azufre como conservante. Para las personas con asma, la sensibilidad al sulfito puede ser un problema, por lo que es mejor mantenerse alejado de las grandes marcas y siempre mirar los ingredientes. Aprenda a deshidratar sus favoritos al sol, horno o deshidratador para evitar sulfitos en las frutas secas.

Cómo secar frutas al sol

Usar la energía del sol es la tecnología más baja y el método de bajo costo, puede deshidratar frutas y verduras, pero esto solo funciona en entornos donde las temperaturas se elevan por encima de los 80°F (30°C), por lo que depende de la ubicación para deshidratar la fruta.

Produce los resultados más sabrosos de cualquier proceso de secado, ¡así que úsalo si el sol es lo que tienes!

El nivel de humedad también es algo a considerar (cuanto más bajo, mejor) tiene que tener suficiente flujo de aire alrededor de las rodajas de fruta, y es mejor si el sol brilla gran parte del día.

Si recuerdas, cuando las temperaturas hayan aumentado, tendrás que traer los bastidores de frutas todas las noches y volver a sacarlas al sol todas las mañanas. Tarda de 2 a 6 días en secar una bandeja de fruta suficiente bajo el sol de verano en cualquier lugar.

Equipo requerido para secar la fruta al sol

Comprar o hacer sus propios estantes de secado, que también son ideales para vegetales y hiervas, requerirá una pequeña inversión: ¡la capacidad de deshidratar sus alimentos es atrapante!

Estos bastidores de secado multifuncionales pueden construirse a partir de listones de madera, ramitas tejidas, bambú o una malla de acero inoxidable a base de marco. Asegúrese de que el metal sea de grado alimenticio para que no queden contaminantes dañinos en la preciosa fruta seca.

Esta rejilla de secado de acero inoxidable es perfecta para la deshidratación casera de sus propias frutas.

Las frutas que pueden secarse mejor bajo el sol son:

• Albaricoques.

• Tomates cupidos.

• Ciruelas.

• Uvas (vinagre).

• Plátanos.

• Peras.

Pre-tratando la fruta para que se seque al sol

Lave bien todas las frutas y siempre corte rebanadas uniformes para asegurarse de que se sequen de la manera más uniforme posible. En el caso de las peras y las manzanas, se pueden remojar en jugo de limón fresco o una combinación de ácido ascórbico para ayudar a evitar el dorado. Recuerde usar una gasa o una red para mantener las moscas, las abejas y otros insectos fuera de la fruta mientras se están secando. Cuando esté casi seco a su gusto, mueva los bastidores a un área más sombreada para evitar "cocinar".

¿Cómo secar la fruta usando el horno?

Si el sol no brilla en su corta temporada de deshidratación y no ha tropezado con un deshidratador para deshidratar la fruta, siempre puede usar el horno.

Las bandejas para hornear que ya tienes se pueden usar aquí; no se necesita equipo especial, aunque el papel de pergamino es una bendición cuando se trata de eliminar las frutas secas de la sartén.

Al igual que con el secado al sol, primero debe preparar sus productos lavando bien las frutas o bayas maduras.

Deshuesar lo que necesita ser deshuesado, extraer simultáneamente tallos y semillas. Luego, corte las rodajas igualmente delgadas, dejándolas secar al mismo tiempo, asegurándose de que las rodajas no se toquen entre sí.

Temperaturas del horno para deshidratar frutas

Precaliente su horno entre 130-160°F a sus temperaturas más bajas y coloque su bandeja de horno llena de frutas en el calor suave.

Sin embargo, el flujo de aire es más crítico que la temperatura. Si tiene un ventilador en su horno, entonces lo usa. De lo contrario, asegúrese de abrir la puerta para liberar el exceso de humedad periódicamente y esté listo para esperar.

Tiempo

Con una atención mínima, tomará varias horas, teniendo en cuenta que algunas frutas deberán voltearse un par de veces para obtener los mejores resultados.

En general, las manzanas tardan de 6 a 10 horas en lograr la gran crujiente que amas.

A una temperatura ligeramente más alta de 235°F, los plátanos tardan de 2 a 3 horas en deshidratarse en el horno, y a 200°F, las fresas tardan 2 horas y media.

Los hornos varían, por lo que se necesitan pruebas y errores para aprender a deshidratar las frutas.

La forma menos eficiente de secar los alimentos es usar el horno como deshidratador, pero si solo hace unos pocos lotes pequeños al año, es mejor comprar un deshidratador grande, especialmente cuando no lo usa con frecuencia.

Las mejores frutas para deshidratar en el horno son:

• Plátanos

• Naranjas

• Cerezas

• Las nectarinas

- Fresas

- Peras

- Duraznos

¿Cómo freír frutas con un deshidratador?

Si realmente amas las frutas secas y las comes durante todo el año, en lugar de un día cualquiera, ¡entonces un deshidratador experto puede ser tu regalo!

¿Cuánto espacio necesita compartir un nuevo producto, cuánto tiempo estará en uso? Posiblemente podría hacer frutas extra deshidratadas para regalos. ¿Podría incluso considerar vender sus alimentos deshidratados como una forma de ganar dinero en su casa?

Para aquellos que desean incursionar en la deshidratación, tome el deshidratador asequible más común. Simplemente siga las instrucciones mencionadas en el libro de papel de su modelo.

4.2. Verduras

Secar verduras frescas o congeladas es una manera fácil de almacenar y conservar sus verduras favoritas cuando están en su punto más bajo y en temporada. No se preocupe si no posee un deshidratador eléctrico diseñado para esta misión en particular. Puede usar el calor, el horno o una combinación de ambos para secar sus propios vegetales.

Método 1: secado al sol

Paso #1: Espere clima seco y soleado. Pruebe el pronóstico antes de comprar o cosechar vegetales frescos. Espere dos días de cielos despejados, baja humedad y temperaturas similares a 100°F o más. Si no son posibles tales condiciones, utilice un método de secado alternativo. Deje de dañar sus vegetales moldeados con exceso de humedad.

Paso #2: Elige una bandeja para secar. Cualquier bandeja de comida limpia (como una bandeja para hornear, una asadera, una tabla de cortar o un artículo de cocina similar) será suficiente.

Sin embargo, para minimizar aún más el riesgo de deterioro, utilice una superficie perforada (como una rejilla de enfriamiento o una pantalla de plástico) para permitir una mayor circulación de aire desde abajo.

Si usa una pantalla de plástico o una rejilla de enfriamiento sin las piernas, improvise un marco para que descanse. Arregle trozos de madera, rocas o cualquier otro objeto sólido, incluso alto, para levantar la bandeja.

Paso #3: Arregle las verduras. Luego, cubra su bandeja con papel o gasa para eliminar la humedad de sus vegetales, ya que se filtra. Pon las verduras en la bandeja entonces. Organice cada pieza con un espacio para que no se toquen entre sí, permitiendo un mayor movimiento del aire y mejorando el proceso de secado.

Paso #4: Coloca al sol, tu bandeja. Colóquelo donde se proporcionará luz solar continua durante el día. Si no existe ese lugar, vuelva a colocar la bandeja para mantenerla fuera de la sombra durante el día. Para acelerar el proceso de secado, coloque la bandeja en una superficie nivelada que refleje el calor (como concreto, asfalto o incluso su techo). Calienta tu bandeja desde abajo y desde arriba.

Paso #5: Cubra de insectos sus vegetales. Si prevé un brote de insectos, use una gasa para cubrir su bandeja. Evite que la tela entre en contacto directo con las verduras para que no se pegue cuando las retire más tarde. Si las llantas de su bandeja son demasiado pequeñas, use una caja de cartón de tamaño suficiente para crear un marco para su cubierta: elija una caja que sea lo suficientemente ancha como para acomodar su bandeja dentro. Para cortar las solapas superiores, use una cuchilla de utilidad. Recorte los lados hacia abajo si es necesario, hasta que estén solo una pulgada más arriba que la bandeja interior. Coloca sobre la parte superior de la gasa. Coloque un extremo de la caja a un lado, jale el paño tenso sobre la cabeza y engrape el otro extremo. Ahora corte las solapas inferiores para que pueda poner su tapa sobre la bandeja.

Paso #6: abre las verduras. Destape la bandeja y cambie cada pieza cada tres horas. Asegúrese de que cada lado se seque de manera uniforme. Si es posible, retire el revestimiento de la bandeja, para que sus verduras no se asienten en exceso de humedad.

Algunas verduras se pueden secar completamente después de seis horas, así que use la regla de las tres horas para asegurarse de que ambos lados tengan el mismo tiempo de luz solar.

Paso #7: prueba su sequedad. Verifique si hay signos de humedad al girar las verduras clavando el dedo en la carne. O simplemente tome una rebanada e intente doblarla suavemente. Todavía retiene la humedad si se dobla sin resistencia. Si se siente lo suficientemente frágil como para partirse en dos, se ha secado.

Paso #8: Lleve la bandeja adentro al atardecer. Si en un día sus verduras no se han secado, manténgalas protegidas del rocío y otra humedad que pueda saturarlas durante la noche. Vuelva a colocar la bandeja en un área interior cálida y húmeda. Mientras el clima de mañana promete ser húmedo, soleado y seco, coloque la bandeja afuera nuevamente por la mañana. Si un cambio de clima le impide terminar de secar sus vegetales al sol, complete el proceso en su horno.

Método 2: secado en horno

Paso #1: Precaliente el horno. Deje que la temperatura de 120 a 140°F. Precaliente el horno a 200° para un secado más rápido de las verduras. Sin embargo, si lo hace, baje el calor después de la primera hora de secado entre 120 y 140°. La exposición prolongada a temperaturas más altas a 200° o más hará que las verduras se cocinen en lugar de secarse.

Paso #2: Organiza las verduras. Usar un panel de malla de acero inoxidable apto para horno como bandeja de secado para que circule el aire debajo de las verduras. Extienda las piezas para que no se toquen entre sí, lo que también mejorará la circulación del aire. Si llena más de una bandeja, hágalo en partes iguales, de modo que cada bandeja se seque de manera uniforme. Si está utilizando una bandeja para hornear galletas en lugar de una tabla de malla, asegúrese de alinearla con una bandeja para hornear antes de colocar las verduras.

Paso #3: coloca tu sartén dentro del horno. Deje que la puerta del horno se abra al menos 3 grietas. Permita que la humedad de las verduras se escape, así como cualquier exceso de calor, para que su horno pueda mantener una temperatura uniforme de 140° y no más. Durante este proceso, vigile cualquier mascota o niño pequeño.

Paso #4: reorganizar la comida. Voltee las verduras, si usa una bandeja para hornear galletas, de modo que ambos lados estén igualmente secos. Si su horno no se calienta uniformemente, invierta la ubicación de la bandeja. Si se seca más de una bandeja, gire sus posiciones. Hágalo cada dos horas, ya que algunas verduras se secarán en tan solo tres a cuatro.

Paso #5: revisión de la sequedad. Retire un pedazo de la bandeja y déjelo enfriar. Mueva su dedo a través de la carne para ver si salen jugos. Trate de doblarlo suavemente y vea si eso es demasiado difícil o demasiado frágil para hacerlo. Devuelva la pieza al horno si, cuando presiona, se dobla sin romperse o emite humedad. De lo contrario, retire la bandeja del horno.

Opción 3: usar un deshidratador eléctrico

Paso #1: configure su deshidratador. Quite la tapa y saque todas las bandejas. Elija una superficie plana, nivelada para colocar la base. Para evitar riesgos eléctricos y de incendio, asegúrese de que la superficie esté seca. Pruebe cada ventilación para asegurarse de que cualquier bloqueo esté despejado.

Paso #2: Organiza las verduras. Para su primera carga, use una bandeja con asas. Coloque sus verduras en el lado liso de la bandeja. Para garantizar tiempos de secado más rápidos, asegúrese de que no se superpongan ni entren en contacto. Luego coloque la primera bandeja en la base del deshidratador. Use el asa sin bandeja para su próxima capa. Cárguelo con verduras como lo hizo con la primera bandeja, luego coloque la segunda bandeja encima de la primera.

Cuando agregue más bandejas, continúe apilándolas entre las que tienen manijas con una manija con menos bandeja encerrada.

Paso # 3: alimentos secos. Vuelva a colocar la tapa sobre la bandeja superior después de haberla apilado, base del complemento. Consulte las instrucciones para los tiempos de secado recomendados para su deshidratado. Si las verduras de una bandeja parecen secas mientras que otras todavía están húmedas, vacíe la bandeja seca y vuelva a colocarla en la pila. Deje que las bandejas restantes se deshidraten hasta que se sientan lo suficientemente crujientes como para romperse fácilmente.

Hora

Los tiempos de secado variarán según el método y el equipo utilizado, pero se esperan ventanas de:

- Espárragos: 5 a 7 horas.
- Judías verdes: 5 a 10 horas.
- Remolacha: 3 a 6 horas.
- Brócoli: 3 a 7 horas.
- Zanahorias: de 3 a 9 horas.
- Coliflor: 4 a 7 horas.

- Apio: 2 a 4 horas.

- Maíz: 6 a 10 horas.

- Cebollas: 2 a 6 horas.

- Guisantes: 4 a 8 horas.

- Pimientos: 5 a 9 horas.

- Papas: de 3 a 7 horas.

- Squash: 3 a 5 horas.

- Tomates: 5 a 10 horas.

Método 4: preparación y almacenamiento

Paso #1: Uso de nuevos productos. Tenga en cuenta que deshidratar las verduras las conservará tal como están. No tenga la intención de comenzar a madurar después de la rehidratación de las verduras maduras. Corte o corte cualquier área que parezca excesivamente madura, magullada o manchada.

Paso #2: Lave las verduras hasta que se sequen. Lávelos debajo de un grifo con agua fría. Hágalo incluso si tiene la intención de pelar sus verduras hasta que estén deshidratadas, ya que su pelador puede mover la suciedad o los productos químicos de la piel a la carne. Usando un paño o toalla de papel después para secarlos.

Paso #3: Corta tu comida. Deje que sus verduras se deshidraten uniformemente. Rompa las verduras más grandes en partes más pequeñas, que son aproximadamente uniformes. Asegúrese de seguir las instrucciones para el corte simple:

Rodajas de 1/8 ": remolacha; zanahorias;

1/4 "rodajas:" zanahorias; apio; cebollas; pimientos; squash; patatas.

3/8 "rebanadas de champiñones

3/4 "rodajas: tomates

1 "rodajas: espárragos; brócoli; coliflor; judías verdes

Paso #4: Blanquee las verduras hasta que estén cocidas. Preserve el sabor y el color de algunos vegetales librándolos de enzimas que pueden, con el tiempo, quitarles su sabor y color. Sumergirlos en agua hirviendo o colocarlos sobre agua hirviendo en una bandeja humeante. Para las siguientes verduras, siga los tiempos recomendados:

• Espárragos: 4 a 5 minutos con vapor; 3.5 a 4.5 minutos en agua hirviendo.

• Judías verdes: vapor de 2 a 2.5; en agua hirviendo por 2 minutos.

• Brócoli: agua hirviendo durante 2 minutos; vapor de 3 a 3.5.

• Zanahorias: en agua hirviendo durante 3 minutos; De 3 a 3.5 vapores.

• Coliflor: en agua hirviendo durante 3 a 4 minutos, cocine al vapor durante 4 a 5 minutos.

• Apio: en agua hirviendo o con vapor durante 2 minutos.

• Maíz: en agua hirviendo durante 1, 5 minutos; 2-2, 5 con vapor.

• Guisantes: en agua hirviendo durante 2 minutos; 3 con vapor Papas: en agua hirviendo durante 5 a 6 minutos; 6 a 8 con vapor.

• Calabaza: en agua hirviendo durante 1,5 minutos; vapor de 2.5 a 3.

Paso #5: Mantenga sus verduras secas seguras. Muévalos a un recipiente limpio y sellable después de que se hayan deshidratado para evitar la entrada de aire y humedad. Si ha secado varios tipos de vegetales, almacene cada uno por separado para evitar cruzar aromas. Almacénelos por separado en un área fría, oscura y seca. Las verduras deben durar 6 meses, a una temperatura promedio de 60°F, o 3 meses a 80°F.

4.3. Carne

La deshidratación de la carne es un proceso anticuado de conservación de la carne. Hace que sea fácil realizar viajes largos, mochileros o caminatas porque no necesita refrigeración, y es mucho más liviano que la carne estándar. La carne deshidratada se puede comer como es, típicamente llamada cecina, o recalentar con humedad para rehidratar la carne que se va a agregar a los platos principales. La carne de res, venado, búfalo, pollo y pavo son comúnmente carne deshidratad.

Método 1: Método de la cacerola

Paso #1. Corta la carne en tiras de una pulgada. Recorte toda la grasa medible.

Paso #2. En un tazón grande, agregue la carne y la salsa de soja, la salsa Worcestershire, la sal, la pimienta y el ajo.

Paso # 3. Cuando el tazón no viene con una tapa, marina la carne y envuélvela en un paquete de plástico y colócala en el refrigerador por 2 a 3 horas y deja que la carne absorba los sabores.

Paso 4. Coloque la carne y la marinada en una cacerola, encienda el quemador sobre la estufa y hierva.

Paso 5. Hervir durante 3 a 5 minutos antes de la deshidratación, para desinfectar la carne.

Paso 6. Retire las tiras de carne con unas pinzas y déjelas escurrir sobre toallas de papel.

Método 2: Método del horno

Paso #1. Encienda el horno al nivel más bajo.

Paso #2. Coloque las tiras de carne directamente sobre las rejillas, dejando suficiente espacio para el flujo de aire entre las tiras.

Paso #3. Abra la puerta del horno de 1 a 2" (2.5 a 5.1 cm) para facilitar el flujo de aire.

Paso #4. Seque la carne de 8 a 12 horas en cualquier lugar. Cuando se quiebra, la carne se deshidrata pero no se rompe. No debe haber humedad, ya que aquí es donde crecen las bacterias.

Método 3: Etapa de almacenamiento

Paso #1. Antes de almacenar, deje que la carne deshidratada se enfríe. Coloque las tiras de carne en los estantes para enfriar.

Paso #2. Coloque la carne en recipientes herméticos o bolsas con cierre hermético.

Paso #3. Almacene la carne deshidratada durante 1 o 2 meses a temperatura ambiente, o congele la carne deshidratada para una vida útil más larga.

4.4. Carne seca

La carne seca, ampliamente conocida como cecina, ha sido una comida popular durante milenios. Históricamente, la cecina se ha hecho durante un largo período secando carne a bajas temperaturas (130°F - 170°F). Estas condiciones de procesamiento pueden complicar la producción de un producto seguro, particularmente usando un deshidratador casero. En el proceso de secado desigual, es necesario alcanzar la temperatura suficiente para destruir los patógenos como Salmonella y E. O157: H7 coli, que pueden contaminar el medicamento.

Basado en el trabajo iniciado en la Universidad de Wisconsin en 1998 y continuado en 2009, la Extensión de la Universidad de Wisconsin recomienda que los fabricantes de cecina que usan un deshidratador casero adopten estas pautas: Cocinar carne usando solo carne magra en excelentes condiciones. Usar carne magra al menos 93% para carne seca hecha de carne molida. Recorte el exceso de carne gorda y corte no más grueso que 1⁄4" para la cecina muscular entera. Congele la carne en parte para que sea más fácil cortarla. Corta la carne con el grano si quieres preparar la cecina masticable preferida por la mayoría de los consumidores del Medio Oeste. Elija siempre carne de venado limpia y no dañada u otro juego salvaje.

Mantenga la carne fría o congelada hasta que la use. Si la carne está marinada, hágalo en la nevera. La cecina muscular entera se marina con mayor frecuencia en una mezcla ácida que contiene condimentos y especias. La cecina hecha de carne molida no se marina, sino que se combina con especias secas y se cura antes de moldearse en tiras. El trabajo ha demostrado que las especias y el curado (nitrito) en adobos y mezclas de condimentos secos pueden ayudar a la destrucción del patógeno.

Mantenga las carnes crudas separadas de otros alimentos y sus jugos. Mantenga las carnes crudas en el refrigerador en un plato o tazón para atrapar las gotas. Lávese las manos y las superficies con agua jabonosa caliente después de manipular carne cruda y enjuague con agua tibia. Desinfecte las tablas de cortar lavadas y enjuagadas con 1 cucharadita de solución de blanqueador por cada cuarto de agua. Habilitar para secar el aire.

Configurar el deshidratador

1. Evaluar la verdadera temperatura del deshidratador o del horno cuando está funcionando a cero.

2. No dependa de la configuración de temperatura para el deshidratador. Determine la temperatura de secado de su deshidratador usando un termómetro de estado de marcado de la siguiente manera: o Coloque el termómetro dentro del dispositivo para un horno o deshidratador de flujo de aire horizontal, y cierre la puerta.

3. Apile 2 o 3 bandejas en la base para un deshidratador de flujo de aire vertical y coloque el termómetro entre las 2 bandejas superiores para que el dial se pegue entre las bandejas.

4. Encienda la configuración máxima del deshidratador; ajuste el horno a Dial Stem Thermometer 155°F. Registre la temperatura hasta que se haya estabilizado. El deshidratador debe poder establecer una temperatura de al menos 145° a

155°F (ver a continuación) para secar la carne de forma segura en el hogar.

5. No verifique la temperatura mientras el producto esté dentro del deshidratador o el horno. El enfriamiento por evaporación tiene lugar cuando el producto pierde humedad, y esto puede darle una lectura incorrecta de la temperatura.

Use solo deshidratadores con temperatura controlada. ¿No utiliza deshidratadores incontrolables con la temperatura preestablecida de fábrica?

Elija uno de los métodos de secado recomendados:

Seque la carne a 145° - 155°F durante al menos 4 horas, seguido de 10 minutos de calentamiento en un horno precalentado a 275°F.

La carne seca a una temperatura inferior a 145°F puede crear un producto que parece terminado antes de que se caliente lo suficiente como para eliminar las bacterias y antes de que haya perdido suficiente humedad para estabilizarse. Pocos deshidratadores actualmente en el mercado mantendrán la temperatura requerida de 145° - 155°F:

Estas unidades tienen un elemento calefactor grande, un flujo de aire fuerte y una configuración de temperatura ajustable. Seque durante al menos 4 horas (preferiblemente 6 horas) y extraiga la cecina de la deshidratación. Coloque las tiras secas en una bandeja para hornear, juntas pero sin superponerlas ni tocarlas. Calentar en un horno precalentado a 275°F a una temperatura interna de 160°F durante 10 minutos; las tiras más gruesas de ¼" (cuando están crudas) pueden tardar más en llegar a 160°F. Las tiras estaban muy calientes y se retiraron del horno. Retire las muestras calentadas en horno, enfríe a temperatura ambiente y la caja. A menudo proporcione el tratamiento con calentamiento posterior al horno como precaución para la salud.

Tiras de carne al vapor o asada en la marinada antes de secar a una temperatura promedio de 160°F; caliente las aves antes de secarlas a 165°F (temperatura interna). Actualmente, la Línea Directa de Carne y Aves del USDA recomienda este método para hacer jerkies saludables. El paso de precalentamiento asegura que cualquier bacteria presente antes del secado será eliminada, y se puede usar una temperatura más baja del deshidratador (130° a 140°F). Deshidrate la carne durante 4 a 6 horas, después de hervir. No es necesario calentar el horno después de la deshidratación. Como la temperatura interna de una tira delgada de carne no se puede determinar con precisión, los consumidores deben hervir la carne en la marinada (o agua) durante 5 minutos antes de secarla. Desafortunadamente, este proceso recomendado por el USDA produce un producto seco y desmenuzable que se consideraría inferior para la cecina flexible y masticable según los estándares de Wisconsin.

Almacenamiento

La cecina seca se puede mantener a temperatura ambiente durante 1 a 2 meses; hasta 6 meses en el congelador. Kit de vacío de cecina para extender la vida útil de la cecina.

4.5. Pescado

Secar el pescado es una manera perfecta de mantener su captura saludable en pocos meses.

El proceso de secado elimina la humedad del pescado, lo que significa que echar a perder puede llevar más tiempo. Para secar el pescado, puede usar un horno o un deshidratador. El pescado puede secarse entero o en tiras más pequeñas. Elija una forma que no sea grasosa cuando seleccione el pescado para secar, asegúrese de que esté fresco y luego comience el proceso de secado lo más rápido posible.

Seleccione pescado para secar

Paso #1. Elija el nuevo pescado con ojos frescos y coloridos. Verifique que los ojos estén brillantes y no nublados, ya que esto indica que el pescado fue capturado fresco. No debe haber olor a pescado excesivo. Evite los peces que tengan escamas opacas, secas o sueltas.

Paso #2. Deje de elegir pescado graso porque se echará a perder más rápidamente. El pescado, que es bajo en grasa, permanecerá seco por más tiempo. Prueba con bacalao, platija, pargo o lenguado. El siluro, el salmón y el tiburón son tipos grasos de pescado.

Cualquier tipo de pescado se puede secar, pero cuanto más ligero sea, más durará.

Paso #3. Enjuague el pescado lo antes posible. Si está pescando o comprando pescado fresco, comience el proceso de secado para mantenerlo fresco lo antes posible. Esto evitará el deterioro y el pescado seco sabrá mejor. No seque el pescado congelado, ya que la consistencia de los alimentos secos no será tan buena.

Método 1: usar un horno

Paso #1. Precaliente el horno hasta 356°F (180°C). Encienda el horno y espere hasta que alcance la temperatura necesaria. Muchos hornos tienen una pequeña luz o interruptor que indica cuándo se alcanza la temperatura establecida, pero de lo contrario, se esperarán unos 15 minutos. Si utiliza una configuración de horno forzado por ventilador en lugar de una configuración convencional, reduzca la temperatura en 20°C (68°F).

Paso #2. Limpia el pescado y corta la piel y las entrañas. Usando un cuchillo afilado para cortar a lo largo del vientre del pez antes de llegar a la boca. Usa cualquier cosa para sacar las entrañas y deséchalas. Enjuague la cavidad, raspe la piel y pase el pescado bajo agua fría. El pescado solo debe limpiarse si ha comprado o atrapado un pescado entero para que se seque. Puede decirle a su pescadero que limpie y filetee el pescado por usted si lo prefiere para que lo seque en trozos más pequeños.

Paso #3. Frota sal por todas partes sobre el pescado. Espolvorea con agua salada en general y usa tus manos para frotarlo en la carne. La sal más segura para usar en el pescado es la sal kosher.

Paso #4. 15 minutos para cocinar el pescado en el horno. Coloque el pescado en una bandeja del horno y déjelo con la puerta cerrada en el horno. Establezca un temporizador de 15 minutos.

Paso # 5. Apague el horno y deje el pescado durante 1 día en el horno. Apague el horno cuando el temporizador se apaga, pero deje el pescado descansando en la bandeja del horno. Mantenga la puerta del horno cerrada.

Paso 6. Repita el proceso de cocción y secado otros 2 días. Precaliente el horno en 24 horas y vuelva a cocinar el pescado durante 15 minutos antes de apagarlo. Repita esto al tercer día, luego retire el pescado del horno después de la sesión de secado final. Mantenga el pescado en el horno durante 3 días, incluido el precalentamiento del horno. Esto significa que no podrá cocinar durante este tiempo usando el horno.

Paso # 7. El pescado seco se almacena en un lugar fresco y seco. Coloque el pescado seco en la despensa, en un recipiente hermético, de vidrio o plástico. El pez durará de 1 a 2 semanas. El pescado seco también se puede mantener durante 3-4 semanas en el refrigerador.

Método 2: uso del deshidratador

Paso # 1. Los peces limpian y cubren la piel. Use un cuchillo sin filo para quitar la cáscara o las escamas de pescado. Retire las entrañas del pez y frote bien el cuerpo por dentro y por fuera. El pescado solo debe lavarse si ha comprado o atrapado un pescado entero. Pídale a su pescadero más cercano que filetee el pescado, o córtelo en tiras finas si es posible.

Paso # 2. Rebane el pescado en 0.375 en tiras gruesas de (0.95 cm). Mire si todas las piezas son de tamaño similar, ya que esto asegura que estén deshidratadas de manera uniforme. Retire cualquier hueso cuando se crucen.

Paso # 3. Marinar los trozos de pescado sobre salmuera de agua salada durante 30 minutos. En un tazón grande, mezcle 3/4 de taza (205 g) de sal y 1 1/2 cuartos de galón (1.42 L) de agua fría. Ponga los trozos de pescado en la salmuera y déjelos marinar durante 30 minutos.

Paso #4. Enjuague los trozos de pescado y séquelos. Drene la salmuera de los pedazos de pescado. Pase las tiras bajo agua fría y corriente para lavar completamente la sal. Use una toalla de papel para secar cada pieza.

Paso #5. Sazone las tiras de pescado y póngalas en el refrigerador por 6 horas. Coloque los trozos de pescado en un recipiente hermético, de plástico o de vidrio. Agregue sal o su condimento favorito al pescado. Algunos condimentos de pescado para probar incluyen pimienta, pimentón, orégano o ajo en polvo. Se requiere refrigeración en esta etapa, ya que permite que el pescado se seque en seco.

Paso #6. Coloque las tiras de pescado en deshidratado a 145°F (63°C) durante 8-12 horas. Coloque las tiras de pescado en las bandejas de deshidratación. Asegúrese de que las partes no se golpeen entre sí.

Verifique verificando que no haya humedad visible cuando las tiras de pescado estén listas, que las tiras no se rompan al apretarlas y que huelan a pescado.

Paso #7. Guarde las tiras de pescado seco en un lugar fresco y oscuro por hasta 2 meses. Coloque los trozos de pescado en frascos sellados al vacío o bolsas de plástico con cierre de cremallera. Una despensa es un lugar ideal para almacenar el pescado seco. Si desea aumentar la vida útil de los trozos de pescado seco, colóquelos en el congelador durante al menos 5 meses.

4.6. Hongos

Los champiñones secos son un gran problema: están llenos de sabor, son fantásticos en toneladas de platos y se pueden almacenar por una eternidad esencialmente. Se pueden rehidratar y usar en sopas, risottos, platos de pasta... casi todas las recetas deliciosas que se te ocurran. Para hacer sus propios hongos secos, siga los pasos mencionados a continuación.

Método 1: usar el horno

Paso #1. Limpia tus hongos y sécalos. Use un cepillo para cocinar o una toalla de papel seca para limpiar la suciedad de los hongos cuando sea posible. Debe evitar que los hongos se mojen mientras se limpian, ya que el agua puede hacer que otros hongos o mohos competidores crezcan en los hongos mientras se secan o almacenan. Además, este hongo u hongo adicional puede enfermarlo si lo come. Si hay manchas de suciedad renegadas que no se pueden lavar, debe usar un paño húmedo o una toalla de papel para limpiarlas. Simplemente limpie el mismo lugar con un paño seco o una toalla de papel para eliminar la humedad residual.

Paso #2. Cortar los champiñones. En cuanto más gruesas sean las castañas, más se secarán. Corte los champiñones en rodajas de aproximadamente 1/8" (0.3 cm) de grosor para acelerar el proceso de secado.

Tendrán suficientes sabores empaquetados en las rebanadas que serán una gran adición al plato, pero se secarán en un tiempo mucho más corto que los hongos enteros.

Paso #3. Ponga las castañas en una bandeja para hornear. Asegúrate de que los hongos estén planos uno al lado del otro. Ninguno de los hongos debe superponerse entre sí, ya que esto puede hacer que se fusionen durante el secado. Extiéndelo en una sola capa.

No ponga las sábanas, ya que los hongos absorberán el aceite, alterarán su sabor y harán que se sequen por más tiempo.

Paso #4. Precaliente el horno a 65° (150°F). Coloque la bandeja para hornear con los champiñones dentro del horno una vez que el horno haya alcanzado la temperatura especificada. Deja las castañas en una hora.

Paso #5. Después de una hora, saca los hongos del horno. Déles la vuelta cuando los saque para que se sequen por igual. Durante el proceso de secado, seque cualquier humedad que haya subido a sus superficies. Para absorber parte de la humedad con una toalla de papel o un paño seco.

Paso #6. Vuelve a colocar los champiñones en el horno. Hornee los champiñones durante otra hora, o hasta que estén completamente secos.

Al sacar los hongos, verifique que no tengan humedad restante en su superficie. Si es así, dales la vuelta y limpia la humedad con una toalla de papel, luego regréselos al horno.

Paso #7. Continúa buscando los hongos hasta que estén completamente secos. Repita el proceso de cocción y elimine la humedad hasta que los champiñones estén completamente secos. Un hongo debidamente deshidratado, como una galleta, se romperá.

Paso #8. Deje que los champiñones se enfríen. Deja que los champiñones se enfríen en la bandeja para hornear después de sacarlos del horno. No los coloque en Tupperware con la tapa cerrada cuando aún estén calientes, ya que el calor puede causar condensación en el Tupperware, arruinando todos sus esfuerzos.

Paso #9. Los hongos secos se mantienen en botes herméticos. Coloque los champiñones en botes con sellos de trabajo después de que se hayan enfriado por completo. Mantenga los botes en una posición fría y oscura hasta que quiera usar sus champiñones en una sopa, un plato de pasta al horno o un delicioso risotto.

Método 2: Secado natural

Paso #1. Limpia los champiñones y córtalos. Siempre debe limpiar los champiñones con un cepillo o una toalla seca, como se mencionó anteriormente. No use agua, ya que la acumulación de agua hará que los hongos crezcan fuera del moho u hongos. Rompa las castañas en rodajas de 1/2" (1.25 cm) de grosor.

Paso #2. Mira el clima aquí. Use este proceso solo en días cálidos con muy poca humedad para proteger los hongos. Los hongos tardarán mucho en secarse si hay demasiada humedad en el aire y el moho puede comenzar a desarrollarse.

Paso #3. Encuentra el lugar de secado adecuado. Las posibilidades incluyen espacios soleados, alféizares o techos brillantes que fluyen por el aire. Seleccione un lugar donde los hongos no puedan ser molestados por pájaros, insectos, insectos y humedad.

Paso #4. Organice el secado de los champiñones. Para eso, hay dos opciones. Puede colocar los champiñones en una rejilla para secar o usar un hilo de cocina para alinearlos. En una rejilla de secado: coloque los champiñones en una sola capa. Asegúrese de que ninguno de ellos se superponga, ya que pueden quedar atrapados cuando se están secando o deformarse en formas extrañas.

Cubra los champiñones y la rejilla seca en una 'caja de paneles' que se puede comprar en la mayoría de las tiendas de artículos de cocina. La tienda de red mantendrá alejados a esos insectos. Puede usar fácilmente un trozo de tela de malla sobre y debajo de la rejilla seca y los champiñones si no tiene una carpa de red.

Con la cuerda de cocción, ate la cuerda de cocción a través de los hongos. Para hacerlo, debe usar una aguja esterilizada. Para esterilizarlo, simplemente pase la aguja a través de una llama y ensarte los hongos a lo largo de la cuerda como si estuviera haciendo un collar con una cuenta.

Paso #5. Coloque los hongos en la ubicación del área de secado que seleccionó. Cuélguelos en algún lugar seco y a la luz, si utiliza el proceso de cocción. Permita uno o dos días para que los hongos se sequen a la luz. Verifique su desarrollo varias veces al día.

Considere terminar los champiñones en el horno cuando no estén completamente secos al sol después de unos dos días. Lea el Método 1 sobre aprender a hacer esto.

Método 3: hongos liofilizados

Paso #1. Coloque una toalla de papel sobre una superficie plana. Colocar sobre la toalla de papel limpia y cortar los champiñones. Deben estar en una sola hoja, y ninguno de los hongos se superpone. Los hongos que se fusionan si se superponen. Los hongos son realmente importantes para estar absolutamente secos. Si incluso tienen un poco de agua, el agua podría convertirse en hielo y estropear el hongo.

Paso #2. Coloque otra toalla de papel sobre los champiñones. Continúa colocando los hongos en capas individuales, luego coloca las toallas de papel sobre esas capas hasta que se hayan agotado todos los hongos que deseas secar.

Paso #3. Deslice esas capas de papel toalla-hongo en una bolsa de papel. No es necesario decir que debe usar una bolsa de papel grande que se ajuste a todas las toallas de papel y hongos. La bolsa de papel le permitirá moverse a través de los vapores de agua mientras los hongos se secan.

Paso #4. Coloque la bolsa de papel en el congelador. Con el tiempo, sus castañas comenzarán a secarse en el congelador. Es un proceso más lento que los otros dos métodos mencionados anteriormente, pero es efectivo especialmente si no planea usar sus hongos de inmediato.

4.7. Huevos

Los huevos en polvo son buenos para empacar cuando se va de campamento, y también son una fuente inteligente y segura de proteínas para tener en el suministro de alimentos de emergencia de su hogar. Puedes hacerlo con huevos crudos o cocidos, usando un horno estándar o un deshidratador.

Paso 1: preparación del huevo

Usando huevos crudos

Considere separar las claras y las yemas. Puede deshidratar el huevo entero o deshidratar por separado la clara y la yema. Si tiene la intención de usar las claras y las yemas por separado mientras reconstituye los huevos, es posible que deba separar los huevos antes de la deshidratación.

Batir los huevos. Use un tenedor para batir los huevos, sin importar si usa huevos enteros o separa las claras y las yemas.

Alternativamente, puede batir bien los huevos colocándolos en un procesador de alimentos o licuadora y mezclándolos a velocidad media durante aproximadamente un minuto. Si separó las claras de las yemas, batir los huevos blancos hasta que formen picos empinados y las yemas de huevo hasta que estén gruesas y espumosas como se muestra a continuación.

Usando huevos cocidos

Revuelve los huevos. Abra los huevos con un tenedor o batidor, y bátelos ligeramente. Vierta la mezcla en una sartén antiadherente y cocine hasta que los huevos estén listos pero aún suaves durante varios minutos, revolviendo con frecuencia. Use una sartén antiadherente y no cocine los huevos con aceite o mantequilla añadidos. Las grasas pueden reducir la vida útil y los huevos en polvo se vuelven rancios más rápido.

Del mismo modo, antes de la deshidratación, no debe agregar leche, queso ni ningún otro ingrediente a los huevos.

Rompe los huevos mientras los cocinas con tu espátula. Las piezas más pequeñas se deshidratan más rápido y de manera más uniforme.

Alternativamente, hierve los huevos. Pon los huevos en una cacerola para hervir los huevos y cúbrelos. Coloque la cacerola a fuego medio a medio-alto en el quemador. Apaga el fuego y coloca una tapa en la cacerola una vez que el agua hierva. Permita que los huevos terminen de cocinarse de 10 a 15 minutos en agua caliente.

Decidirá si el huevo está duro o no, volviéndolo sobre una mesa dura o mostrador de lado. Un huevo que gira rápidamente está duro. Un huevo suave y hervido que gira lentamente.

Coloque los huevos para que se enfríen en agua tan pronto como se retiren de la cacerola. Hacerlo antes hace que la eliminación de la cáscara sea más simple.

Si tiene la intención de deshidratar las claras y las yemas por separado, sepárelas antes de cortarlas en pedazos.

Paso # 2: deshidratación de los huevos

Usando el deshidratador

1. **Prepare las bandejas para el deshidratador.** Coloque discos deshidratadores con borde de plástico en cada bandeja que vaya a utilizar para el deshidratador. Esto es particularmente crucial cuando se trata de huevos crudos porque el borde poco profundo evita que el líquido se derrame por el costado de la bandeja.

2. **Cargue los huevos en bandejas para el deshidratador.** El crecimiento de la bandeja deshidratadora regular puede caber alrededor de media docena de huevos enteros. Además, cada bandeja debe poder contener una docena de claras de huevo o una docena de yemas de huevo.

3. **En el caso de los huevos crudos, simplemente vierta la mezcla de huevo batido en cada bandeja.** Es preferible una capa delgada sobre una capa gruesa. Cuando trabaje con huevos cocidos, extienda los trozos de huevo cocidos de manera uniforme sobre la bandeja, manteniéndolos en una capa.

4. **Haga funcionar el deshidratador hasta que los huevos estén crujientes.** Coloque las bandejas dentro del deshidratador y ajuste la máquina a una temperatura alta, entre 130 y 140°F. Deshidrate los huevos hasta que se vean migajas gruesas y secas.

5. **El proceso generalmente toma entre 8 y 10 horas para los huevos crudos.** El proceso generalmente tomará alrededor de 10 a 12 horas para los huevos cocidos.

6. **Si observa grasa residual en los huevos secos**, límpielos con una toalla de papel y deje que los huevos afectados se sequen un poco más antes de continuar.

Usando un horno

1. **Precaliente el horno a la temperatura inferior.** Aproximadamente 115°F (46°C) sería la temperatura óptima para el secado en horno, pero muchos hornos solo caen a alrededor de 170°F (77°C).

2. **Si la temperatura más baja en su horno es superior a 170°F (77°C),** este método podría no funcionar para usted.

3. **Recuerde que el método del horno suele ser más desordenado y más complicado que el método del deshidratador.** Si es necesario acceder a un deshidratador, se recomienda encarecidamente que lo haga.

4. **Vertir los huevos en bandejas antiadherentes.** Vierta o extienda los huevos preparados sobre bordes poco profundos sobre bandejas para hornear antiadherentes. Por lo general, puede colocar entre 6 y 12 huevos enteros por hoja de horneado.

5. **No cubra la bandeja para hornear con aceites adicionales** porque las grasas pueden estropear el producto terminado más rápidamente.

6. **Vierte los huevos crudos en una capa delgada de una bandeja para hornear.**

7. **Extienda pequeños trozos de huevo cocido de manera uniforme sobre cada bandeja para hornear,** manteniendo los huevos en una capa.

8. **Hornee los huevos hasta que estén crujientes, a veces revolviendo.** Coloque las hojas en su horno precalentado y cocine los huevos hasta que estén crujientes y quebradizos. Esto puede tomar entre 8 y 12 horas, dependiendo de la temperatura de su horno.

9. **Revuelva los huevos aproximadamente cada dos horas para facilitar un mayor secado.**

10. **Si tales huevos tienden a secarse más rápido que otros, pueden retirarse temprano para evitar quemarse.** Deje que el resto de los huevos se deshidrate.

Paso #3: molienda, almacenamiento y reconstitución de huevos en polvo

Molienda

En un procesador de alimentos, muele los huevos secos. Coloque los huevos secos en una batidora limpia o procesador de alimentos. Mezcle durante uno o dos minutos a temperatura alta hasta que forme un polvo fino y compacto.

Los huevos tienen que estar moliendo en un polvo fino; las migajas no son lo suficientemente pequeñas. Si no mueles bien los huevos, se volverán granulados cuando intentes reconstituirlos.

Almacenamiento

Mantenga los huevos en un recipiente hermético. Coloque los huevos en polvo en frascos de vidrio desinfectados con tapas herméticas.

Por lo general, puede cargar el contenedor hasta la parte superior sin dejar ningún espacio vacío.

Use un recipiente con lados no permeables cuando sea posible, como un frasco de vidrio. También es ideal para su uso un recipiente que puede sellar al vacío después del embalaje.

Los huevos en polvo se almacenan en un lugar frío y oscuro. Por lo general, una despensa o un armario encajarían, pero un área de almacenamiento de alimentos en una bodega será aún mejor. También funcionará para almacenar los huevos en una nevera.

Si ha deshidratado y almacenado los huevos adecuadamente, generalmente serán seguros durante varios meses hasta aproximadamente dos años.

Si queda humedad o grasa, o los huevos no se almacenan en un recipiente hermético, la vida útil se reducirá drásticamente. En estas condiciones, los huevos en polvo pueden durar en el refrigerador solo una semana a temperatura ambiente, o de tres a cuatro semanas.

Ponga los huevos en polvo en un congelador para un almacenamiento más prolongado. Los huevos congelados en polvo durarán cinco años o más. Sin embargo, asegúrese de que el contenedor que está utilizando sea seguro para el congelador.

Reconstituir

Los huevos se reconstituyen combinando el polvo de los huevos con agua. Mezcle 1 cucharada a 2 cucharadas (15 a 30 ml) de agua tibia con 2 cucharadas (30 ml) de huevos en polvo. Combine bien los dos ingredientes, luego déjelo reposar durante unos 5 minutos o hasta que los huevos se espesen y estén listos.

Si ha rehidratado los huevos, podrá usarlos como si estuviera usando huevos normales.

Rehidrata los huevos para cocinar. Los huevos frescos en polvo siempre se fríen y, por el bien del sabor, los huevos revueltos en polvo precocinados generalmente se deben volver a freír. Sin embargo, es posible que los huevos cocidos precocidos aún no tengan que cocinarse.

4.8. Un pan

Hay muchas maneras de hacerlo fácilmente, aquí hay un par de trucos:

Secado al aire

Corta el pan en cubos pequeños y colócalo en un tazón. Colóquelo en un lugar cálido, descubierto, en su cocina.

Tírelo para aumentar la circulación de aire cada pocas horas.

O

Divida el pan en cubos, extiéndalo sobre una rejilla y colóquelo en una bandeja para hornear. Eso aumentará el acceso del pan al aire y acelerará el proceso. Si toca otro pan, mezcle como en la opción anterior.

Este no es instantáneo: corta cualquier resto de pan que tengas en cualquier momento. Seque con cualquiera de las instrucciones anteriores y congélelo para que pueda sacarlo cuando lo necesite. Se recomienda este, ya que utiliza pan que ha pasado su mejor momento y no toma un pedazo fresco y lo seca deliberadamente.

Secado al horno

Cortar el pan en cubos y colocar a fuego lento en el horno durante 20-30 minutos, revolviendo cada 5 o 10 minutos.

Usando el deshidratador

Cortar el pan en trozos y colocar durante 2-3 horas en un deshidratador (probar y sentir a medida que avanza)

4.9. Secado de frutas de cuero

El cuero es un producto de fruta seca muy sabroso, masticable. Las pieles de fruta se hacen para secar vertiendo fruta en puré sobre una superficie plana. La fruta se saca de la superficie cuando se seca y se enrolla, luego recibe el nombre de "cuero" por el hecho de que es brillante y tiene la textura del cuero cuando la fruta en puré se seca.

Cuero de fruta fresca

1. Elija fruta madura o algo madura.

2. Lave las frutas nuevas en agua fría o bayas. Quítese la cáscara, las semillas y los tallos.

3. Rompa la fruta en pedazos. Por cada 13 "x 15" pulgadas de cuero de fruta, use 2 tazas de fruta. Puré de frutas hasta que esté suave.

4. Agregue 3 cucharaditas de jugo de limón o 1/8 cucharadita de ácido ascórbico (375 mg) para evitar el oscurecimiento por cada 2 tazas de fruta de color claro.

5. Opcional: Agregue jarabe de maíz, miel o azúcar para endulzar.

6. El jarabe de maíz o la miel son mejores para un almacenamiento más prolongado, por lo que se evitan los cristales. El azúcar es adecuado para almacenamiento rápido o uso inmediato. Por cada 2 tazas de fruta, use 1/4 a 1/2 taza de azúcar, jarabe de maíz o miel. Los edulcorantes a base de sacarina también se pueden usar sin la adición de calorías para minimizar la acidez. Los edulcorantes con aspartamo pueden perder dulzura durante el secado.

Cueros de frutas enlatadas o congeladas

Es posible utilizar frutas en conserva o congeladas compradas en el hogar o compradas en la tienda.

1. Drene la fruta y conserve el aceite.

2. Por cada cuero de 13 "x 15", use 1 pinta de fruta.

3. Puré de frutas para un acabado suave. Agregue líquido si es espeso.

4. Agregue 3 cucharaditas de jugo de limón o 1/8 cucharadita de ácido ascórbico (375 mg) para evitar el oscurecimiento por cada 2 tazas de fruta de color claro.

5. Endulce como se indicó anteriormente en cueros de fruta fresca, si lo desea.

6. La compota de manzana se puede secar sola o agregarse a cualquier puré de fruta fresca. Disminuye la acidez y hace que el cuero sea más suave y flexible

7. Secado del cuero Cubra las bandejas de galletas con una envoltura de plástico para secar al horno o al sol. Use una envoltura de plástico o las láminas de plástico especialmente diseñadas que vienen con el deshidratador en un deshidratador. Vierte el cuero sobre las sábanas o la bandeja llena de galletas. Extiéndalo uniformemente a 1/8 de pulgada de grosor.

8. Seque el cuero de la fruta a 140°F antes de golpear el centro con el dedo, y no queda intención. Esto tomará de 6 a 7 horas en el deshidratador, en el horno por hasta 19 horas, y el sol por 2 a 3 días. Mientras aún está caliente, la envoltura de plástico se despega. Enfriar y volver a envolver y empacar en plástico.

9. Por cada 2 tazas de fruta de color claro, el ácido ascórbico (375 mg) evita el oscurecimiento.

10. Opcional: Agregue jarabe de maíz, miel o azúcar para endulzar.

11. El jarabe de maíz o la miel son mejores para un almacenamiento más prolongado, por lo que se evitan los cristales. El azúcar es bueno para almacenamiento rápido o uso inmediato. Por cada 2 tazas de fruta, use 1/4 a 1/2 taza de azúcar, jarabe de maíz o miel. Los edulcorantes a base de sacarina también se pueden usar sin la adición de calorías para minimizar la acidez. Los edulcorantes con aspartamo pueden perder dulzura durante el secado.

4.10. Hierbas y especias

Se recogen correctamente en la primera etapa en la preservación de hierbas o especias. Esto se hace mejor para una potencia óptima en la mañana antes de las 10 a.m., ya que los aceites beneficiosos en la planta aún no estaban influenciados por el sol ese día.

Las hojas se deben recoger frescas y no utilizar hojas marchitas, secas o decoloradas.

Las semillas deben cosecharse cuando comienzan a ponerse marrones y endurecerse, pero naturalmente antes de comenzar a caerse de la vid.

Secado al aire

1. Recoja las hierbas en un manojo pequeño de 4-5 tallos por manojo, y asegure los tallos con un nudo o un alambre pequeño.

2. Envuelva cada paquete sin apretarlo en una tela transpirable de muselina o una bolsa de papel. También ayuda a proteger esto dentro del enlace torcido.

3. Cuelgue los paquetes dentro y fuera de la luz solar directa hasta que se sequen en un lugar bien ventilado. Esto generalmente toma alrededor de una semana. CONSEJO: Usando algunas perchas para la ropa y alfileres para colgar rápidamente los paquetes.

4. Cuando todavía hace calor afuera, puede usar el mismo proceso para secar hierbas a la luz solar indirecta en pantallas de secado o en paquetes pequeños.

5. Retire las hojas de los tallos y guárdelas.

CONSEJO: en lugar de colgar hierbas en racimos, si prefiere usar una pantalla para secar, estire un trozo de tela de queso para colocarlo sobre un marco de madera (incluso un marco de árbol viejo funcionará para eso). Coloque este marco dentro o fuera de un área bien ventilada (no a la luz solar directa) hasta que las hierbas se sequen.

Secado al horno

El secado al horno parece fácil, pero en realidad es uno de los métodos más complicados para mantener las cualidades herbales correctamente porque la temperatura debe mantenerse baja.

1. Quite las hojas de los tallos verdes.

2. Coloque las hojas en una sola capa en una bandeja para hornear.

3. Precaliente el horno a la temperatura más baja posible. Esto es alrededor de 170°F para la mayoría de los hornos, que todavía es demasiado alto. Usando el mango de una cuchara de madera, levanto la puerta del horno para permitir que la circulación de aire mantenga la temperatura lo suficientemente baja.

4. Verifique la temperatura con frecuencia (la óptima es entre 100-120°) y ajuste según sea necesario. Con este proceso, las hierbas comienzan a secarse rápidamente, así que revise las

hierbas regularmente y retírelas cuando las hojas comiencen a desmoronarse y ya no se doblen sin romperse.

Usando un deshidratador

Un deshidratador de alimentos de alta calidad con un ventilador y temperatura ajustable es la forma más efectiva de secar rápidamente las hierbas y retener las partes más útiles de la hierba o la especia.

Simplemente tenga las instrucciones para secar hierbas en su modelo si tiene un deshidratador.

Método a evitar: Algunas fuentes en el microondas sugieren secar hierbas. Esto solo funciona para pequeñas cantidades de hierbas y este método es propenso a problemas, especialmente con hierbas de alta humedad, y no es en absoluto eficiente en energía.

Almacenar hierbas y especias

No se desmorone ni pulverice hasta que necesite usar la hierba o las especias para retener mejor el aroma de las hierbas y especias secas. Por supuesto, cualquier hierba requerida para mezclas de hierbas y especias premezcladas sería la excepción, ya que deben desmenuzarse para mezclar bien.

4.11. Hacer mezclas de té

Has cultivado hierbas para té de hierbas o tisana, y ahora estás listo para cosechar y secar. Pero, ¿cuál es el mejor método de secado a base de hierbas? ¿Necesitas secarlos en tu horno? ¿Necesitas comprar un deshidratador? ¿Deberías simplemente secarlo al aire?

No se preocupe, es relativamente fácil secar las hierbas de té, pero debe tener en cuenta que algunos métodos son mejores que otros. Simplemente siga las instrucciones dadas en 1.9 y 1.10 para secar sus hierbas (las hojas de menta, manzanilla y lavanda, etc.)

¿Qué es la tisana?

"Tisana" es el término utilizado para el té de hierbas o té hecho de algo distinto de la planta o planta de té Camellia Sinensis. El "té" proviene únicamente de la Camellia Sinensis.

Reúne tus hierbas y flores

Si elige hierbas de su invernadero, hágalo a media mañana después de que el rocío se haya secado, pero el sol no haya blanqueado los aceites esenciales. Las plantas como la albahaca, el orégano, la menta y el tomillo deben cortarse para incluir ramas para que pueda asegurar las ramas juntas y colgarlas cuando desee usar el proceso de secado al aire fácil. Si tiene la intención de usar un deshidratador, las ramas también protegerán las pequeñas hojas de caer a través de los estantes de secado, como las plantas de tomillo.

Se recomienda enjuagar las hierbas en agua limpia para eliminar insectos y escombros, pero si cultiva sus hierbas sin pesticidas, puede preferir secarlas sin lavarlas simplemente. Lávelos con agua limpia porque se están secando de todos modos para que el agua no importe.

Mezclas de té-5 maneras

Para preparar: 15 minutos

Para cocinar: 2 horas

Si total deshidrata: 30 minutos

Ingredientes:

- 1/2 taza de hojas secas de menta

- 1/3 taza de brotes de lavanda secos

- 1/2 taza de flores secas de manzanilla

- 5 limones pelados y secos (¡use cuajada de limón!)

- 1 taza de jengibre fresco, finamente pelado y seco

Direcciones:

1. Cuando use ingredientes frescos como limones, colóquelos en una sola capa sobre una bandeja para hornear.

2. Hornee en un horno de 2 horas a 200°.

3. Continúe deshidratándose en el horno si no está completamente seco para entonces, o deje reposar durante la noche en el mostrador.

4. Cuando esté completamente seco, pique finamente cada uno de los limones y el jengibre hasta que estén muy pequeños. Guardar en dos tazas diferentes.

Mezclar:

Manzanilla lavanda

Mezcle partes iguales de hojas de lavanda y manzanilla en una taza pequeña. Selle en una olla pequeña y pequeña. Para servir, agregue 1 cucharada de agua hirviendo a un infusor de té por 8 onzas.

Limón Jengibre Manzanilla

Mezcle 1 parte del limón, 1 rodaja de jengibre y 2 partes de manzanilla en un tazón pequeño. Selle en una olla pequeña y pequeña. Para servir, agregue 1 cucharada de agua hirviendo a un infusor de té por 8 onzas".

Menta Limón Jengibre

Mezcle en un tazón pequeño 1 parte de limón, 1 parte de jengibre y 2 partes de menta. Selle en una olla pequeña y pequeña. Para servir, agregue 1 cucharada de agua hirviendo a un infusor de té por 8 onzas.

Limón Lavanda Manzanilla

Mezcla en un tazón pequeño 1 parte de limón, 1 parte de lavanda y 2 partes de manzanilla. Selle en una olla pequeña y pequeña. Para servir, agregue 1 cucharada de agua hirviendo a un infusor de té por 8 onzas.

Menta Lavanda Limón

Mezcle hasta un tazón pequeño 1 parte de menta, 1 parte de lavanda y 1 parte de limón. Selle en una olla pequeña y pequeña. Para servir, agregue 1 cucharada de agua hirviendo a un infusor de té por 8 onzas.

4.12. Flores

Ya sea que se trate de su ramo de novia o de un arreglo de recuperación particularmente hermoso de un amigo, secar sus flores preservará su belleza y sentimentalismo. Consulte las guías paso a paso a continuación para conocer dos métodos de secado diferentes para secar flores.

Cómo secar flores Pero primero considere lo siguiente:

El secado al aire funciona mejor para ramos y flores como rosas u otras variedades duraderas como la lavanda, para evaluar si sus flores se secarán completamente y de qué manera.

Las margaritas gerberas, los crisantemos, las rosas y los tulipanes individuales son excelentes candidatos para la técnica de secado en el microondas que preservará su color y estructura mejor que el secado al aire.

Pruebe con otra técnica de preservación, como presionar para obtener flores más delicadas como lirios.

Es probable que las flores completamente maduras pierdan sus pétalos en el proceso de secado, así que no espere demasiado para que sus flores comiencen a secarse.

Cómo secar las flores al aire.

1. Retire el exceso de flores de las flores y corte los tallos a la longitud deseada (no menos de 6 pulgadas). Para ayudar a las flores a mantener su color durante el proceso de secado, asegúrese de que se eliminen de la luz solar una vez cortadas. Cuelgue las flores individualmente o una banda de goma para colgar un ramo.

2. Busque un área oscura, seca y bien circulada, como un ático o un armario sin usar. Coloque la parte inferior de los tallos de las flores en una percha con hilo dental sin sabor, para que cuelguen boca abajo para que se sequen. Deje las flores hasta que estén completamente secas durante dos o tres semanas.

3. Retire las flores de las perchas y espolvoree con spray para el cabello sin perfume para su protección.

Cómo secar flores con un microondas

1. Este método de secado de flores incluye gel de sílice, que se puede encontrar en tiendas artesanales. El gel retiene la forma de las flores y puede usarse una y otra vez.

2. Busque un recipiente que lleve sus flores y que quepa dentro del microondas. (No use un plato después de este proyecto que quiera usar nuevamente para comida).

3. Cubra con una pulgada o dos de gel de sílice en el fondo del recipiente, un poco más para flores más grandes. Coloque flores florecientes en el gel, luego vierta más gel sobre los pétalos. Extienda suavemente para que los pétalos no se aplanen.

4. Ponga la jarra descubierta en el microondas. La temperatura y el tiempo del microondas variarán según el tipo de flor, por lo que este paso requiere un poco de prueba y error. Encienda el microondas durante 2-5 minutos sobre descongelados a uno o dos niveles de calor. (Las rosas pueden soportar más calor, mientras que las margaritas prefieren temperaturas más bajas). Después de un corto tiempo, verifique su progreso floral y luego periódicamente: el calor y el tiempo aumentan según sea necesario.

5. Una vez que las flores estén secas, abra el microondas y cubra la maceta de inmediato. Retire del microondas la botella sellada, abra un cuarto de centímetro en la parte superior y déjela reposar durante 24 horas.

6. Limpie el gel con un cepillo fino de los pétalos y luego rocíe con un aerosol acrílico (también disponible en tiendas de artesanía).

7. Finalmente, muestre o use sus flores secas como desee en proyectos de manualidades. Las flores secas mueren rápidamente al sol o al calor intenso, así que asegúrese de mantenerlas alejadas de las ventanas en áreas frías.

Consejos adicionales para deshidratar alimentos en casa

• Puede deshidratar varios alimentos al mismo tiempo, pero tenga en cuenta que los olores y sabores pueden transmitirse entre dos alimentos. (Por ejemplo, tendría que evitar la deshidratación del ajo y los plátanos al mismo tiempo, ya que el sabor y el olor del ajo posiblemente se filtrarán en los plátanos). Los alimentos deshidratados se guardan mejor en un lugar frío y oscuro en frascos de vidrio.

• Corte las piezas de manera uniforme para asegurarse de que se sequen a la misma velocidad al cortar frutas o verduras antes de la deshidratación.

• Si el ventilador está ubicado en un extremo de la máquina en su deshidratador, las bandejas más cercanas al ventilador se secarán primero. Gire la posición de la bandeja cada pocas horas para fomentar un secado uniforme.

• El tiempo que lleva deshidratar cualquier alimento depende de muchos factores diferentes (como la humedad, el tipo de deshidratación, el grosor de los alimentos, el contenido de agua, etc.)

Conclusión

Deshidratas la comida y sacas todos los líquidos. Es difícil que las bacterias se desarrollen una vez completamente deshidratadas, produciendo alimentos que pueden durar semanas o meses sin refrigeración. El contenido de alimentos, incluido el contenido de fibra y las calorías, permanece igual con la deshidratación (excepto por la pérdida de vitamina C en ciertos alimentos debido a su solubilidad). Con un kit de deshidratación de alimentos, disponible en algunas tiendas de comestibles y en línea en otros países, puede conservar frutas, verduras y carnes.

Si comprar un deshidratador es costoso, un horno de baja temperatura también puede tener el mismo efecto. Usando el horno a la temperatura más baja posible, coloque la comida en una sartén antiadherente y use un pequeño ventilador para mantener el aire circulando y evitar la acumulación de humedad. El ciclo elimina todo el líquido de los alimentos y lo retiene en una forma fresca y masticable.

Cuando se deshidratan, ciertos alimentos pueden almacenarse durante semanas sin refrigeración. La deshidratación es particularmente útil para viajes de mochilero u otras ocasiones en las que necesita llevar su comida con usted.

Básicamente no hay mejor manera que la deshidratación para la conservación de los alimentos. Secar es una de las formas más fáciles y menos costosas de conservar sus alimentos, y se ha utilizado durante muchos años para hacer que los alimentos duren sin refrigeración. También puede aligerar el peso de los productos para acampar y mochileros, ahorrando su espalda y billetera.

Referencias

Food Dehydration - an overview | ScienceDirect Topics. (2020). Retrieved from **https://www.sciencedirect.com/topics/food-science/food-dehydration**

6 Food Drying Methods - Pros, Cons and Best Tips - DryingAllFoods. Retrieved from **https://www.dryingallfoods.com/food-drying-methods/**

Dehydrators, 2. 2 Types of Food Dehydrators. Retrieved from **https://www.homestratosphere.com/types-of-food-dehydrators/**

Drying food at home. Retrieved from **https://extension.umn.edu/preserving-and-preparing/drying-food#preparing-food-to-dry-331860**

Foodal's Ultimate Guide to Dehydrating Your Garden's Bounty. Retrieved from https://foodal.com/knowledge/things-that-preserve/11-tips-to-dehydrate-food/

Foods That Are Easy To Dehydrate | Respect Food. Retrieved from **https://www.respectfood.com/article/foods-that-are-easy-to-dehydrate/**